T0283076

Terapia
Cognitivo
Conductual

en **7** Semanas

Manual de trabajo
para gestionar
la depresión
y la ansiedad

Título original: Retrain Your Brain: Cognitive Behavioral Therapy in 7 Weeks: A Workbook
              for Managing Depression and Anxiety
Traducido del inglés por Francesc Prims Terradas
Diseño de portada: Editorial Sirio, S.A.
Maquetación: Toñi F. Castellón

©   de la edición original
     2016 de Althea Press, Berkeley, California

     Publicado inicialmente en inglés por Althea Press, un sello de Callisto Media, Inc.

©   de la presente edición
     EDITORIAL SIRIO, S.A.
     C/ Rosa de los Vientos, 64
     Pol. Ind. El Viso
     29006-Málaga
     España

www.editorialsirio.com
sirio@editorialsirio.com

I.S.B.N.: 978-84-19685-23-0
Depósito Legal: MA-1191-2023

Impreso en Imagraf Impresores, S. A.
c/ Nabucco, 14 D - Pol. Alameda
29006 - Málaga

Impreso en España

Puedes seguirnos en Facebook, Twitter, YouTube e Instagram.

El papel utilizado para la impresión de este libro está **libre de cloro** elemental (ECF) y su procedencia está certificada por una entidad independiente, no gubernamental, que promueve la sostenibilidad de los bosques.

Seth J. Gillihan

Terapia Cognitivo Conductual

en 7 Semanas

Manual de trabajo
para gestionar
la depresión
y la ansiedad

Reeduca Tu Cerebro

EDITORIAL
SIRIO

Guía de inicio rápido

¿Es para ti este libro? Pon una marca de verificación en las casillas correspondientes a las afirmaciones que tengan que ver contigo a menudo.

☐ Tengo problemas de sueño.
☐ No tengo ilusión.
☐ Me cuesta relajarme.
☐ No estoy tan interesado(a) en cosas que antes me gustaban.
☐ Aguardo con temor el siguiente ataque de ansiedad.
☐ Me cuesta concentrarme y tomar decisiones.
☐ Me siento culpable y desanimado(a).
☐ Me aterran ciertos objetos, animales o situaciones.
☐ Me cuesta encontrar energía y sentirme motivado(a).
☐ Me preocupo más de lo necesario.
☐ Siento tensión y ansiedad a menudo.
☐ Evito determinadas cosas que tengo que hacer porque me provocan ansiedad.
☐ Me cuesta controlar mi preocupación.
☐ Me siento extremadamente nervioso(a) en algunas situaciones sociales y las evito si puedo.

Si has marcado varias de las casillas, sigue leyendo para informarte sobre la terapia cognitivo-conductual y asumir parte del proceso terapéutico.

Para el padre de mi padre,
Frank Rollin Gillihan (1919-1967),
director general de productos

Índice

Prólogo

Hay estudios que han mostrado que la terapia cognitivo-conductual (TCC) es el tratamiento más efectivo para los trastornos de depresión y ansiedad; se ha revelado superior a los medicamentos y otros tipos de terapia para combatir el sufrimiento y evitar las recaídas. Pero ¿qué es la TCC y cómo actúa?

Es difícil apreciar el poder sanador de la TCC hasta que se la ha visto en acción. En mi trabajo clínico he sido testigo de cómo personas abatidas por estos trastornos han revivido tras aprender técnicas cognitivo-conductuales.

Por ejemplo, una de mis clientas, una mujer de sesenta y cinco años que llevaba treinta aquejada por una depresión grave, acudió a mí sintiéndose desesperanzada y frustrada, y no creía en absoluto que yo pudiese ayudarla a salir de ahí. Estaba convencida de que era víctima de una lotería genética cruel y de que no había nada que ella o yo pudiésemos hacer para mejorar su estado de ánimo.

Sin embargo, después de unas pocas sesiones tomó conciencia de sus procesos de pensamiento y reconoció que muchas de las suposiciones que albergaba sobre sí misma no estaban justificadas. Comenzó a cuestionar estas suposiciones, hasta que llegó a unas conclusiones y tomó en consideración otras posibilidades. Descubrió que sus pensamientos no siempre se correspondían con la realidad de una forma precisa y aprendió a buscar pruebas antes de dar crédito a sus juicios iniciales.

Esta conciencia de sus patrones de pensamiento la condujo a realizar cambios pequeños pero profundos en la relación con su marido. Puesto que su matrimonio empezó a mejorar, se sintió lo bastante segura como para reevaluar las interpretaciones que hacía de las reacciones que tenían los demás frente a ella. Así, fue viendo que la lente a través de la cual había estado experimentando el mundo estaba distorsionada. Por medio de la TCC pudo reestructurar sus procesos de pensamiento de tal manera que fue aceptando el mundo, y aceptándose a sí misma, sobre una base más acertada.

Gradualmente, se fue sintiendo confiada para volver a socializar y a establecer contacto con familiares que pensó que la habían dado por imposible. Las reacciones de estos la sorprendieron agradablemente. Vi cómo esta mujer pasaba de ser alguien que apenas podía reunir la energía necesaria para dar un paseo a ser una persona implicada en eventos sociales y familiares, además de que esperaba con ilusión el día siguiente. Este es el potencial de la TCC como transformadora de vidas.

Hay muchos que acuden a libros en busca de ayuda para superar la depresión o la ansiedad, o para lidiar con ellas, pero los abandonan cuando se encuentran con argot académico o con explicaciones teóricas de temática psicológica demasiado extensas, o bien se desaniman frente a la gran extensión de las obras. Un libro grueso escrito con un lenguaje abstracto puede resultarles abrumador a quienes lidian con el peso de un ánimo bajo o cargan con el agotamiento provocado por la ansiedad. Sin embargo, estas páginas del doctor Gillihan constituyen un manual de trabajo simple, sucinto y nada estresante, ideal para aquellos que se sienten agotados o vencidos por sus dificultades. En nueve capítulos de lectura fácil, el doctor Gillihan hace que los lectores se sientan confiados y noten que tienen el control al descomponer estrategias cognitivo-conductuales en conceptos y ejercicios fáciles de digerir.

Hace quince años que conozco al doctor Gillihan, y he sido testigo de la compasión y la empatía que muestra con los pacientes que acuden a él en busca de ayuda en los momentos en que se sienten más vulnerables. Estas personas se encuentran en su punto más bajo, y él es capaz de darles la atención que precisan y de proporcionarles, cariñosamente, las habilidades que necesitan para ayudarse a sí mismas. Ahora, más de una década después de haber coincidido con él como estudiante, valoro el hecho de ser capaz de hablar de cuestiones clínicas con el doctor Gillihan, que ha acumulado una amplia experiencia ayudando a pacientes y sus familias a combatir la ansiedad y la depresión. Ha escrito exhaustivamente sobre estos problemas: ha publicado más de cuarenta manuscritos académicos y clínicos y es coautor del libro *Overcoming OCD: A Journey to Recovery* [Superar el TOC: un viaje hacia la recuperación].

Vincularse al proceso de la TCC es ciertamente un viaje, que puede ser arduo y difícil, pero que también es emocionante y gratificante. Y como ocurre con todos los viajes difíciles, es mejor realizarlo en compañía de un guía competente y experimentado. No se me ocurre nadie mejor que el doctor Seth Gillihan para acompañarte.

LUCY F. FAULCONBRIDGE,
doctora en Neurociencia Conductual y Psicología Clínica

Introducción

«¿Cómo puedo ayudar a las personas a sufrir menos y a vivir con mayor plenitud?». Esta pregunta me llevó a hacerme psicoterapeuta. Aún recuerdo el momento en que encontré la respuesta, mientras cursaba un máster. Una noche, a una hora ya avanzada, me encontraba en la biblioteca leyendo sobre algo llamado *terapia cognitivo-conductual* (TCC). En esa sesión de estudio aprendí cómo la TCC puede ayudarnos a sustituir pensamientos y conductas que no nos funcionan por otros que nos sean más útiles.

El enfoque del tratamiento me pareció muy razonable y muy respetuoso con la persona necesitada de ayuda; además, establecía una colaboración estrecha entre el terapeuta y el cliente.[*] Con su supuesto implícito de que podemos utilizar lo que está íntegro en nosotros para sanar lo que está roto, la TCC apelaba a mis inclinaciones humanistas. Por otra parte, los programas de esta terapia habían sido puestos a prueba convenientemente, por lo que podía confiar en que ayudarían a mucha gente. Enseguida supe que había encontrado mi disciplina terapéutica.

Después del máster, quise cursar una formación más especializada en TCC, por lo que hice el doctorado en la Universidad de

---

[*] N. del T.: Por razones prácticas, se ha utilizado el masculino genérico en la traducción del libro. Dada la cantidad de información y datos que contiene, la prioridad al traducir ha sido que la lectora y el lector la reciban de la manera más clara y directa posible.

Pensilvania, un centro educativo en el que se habían desarrollado muchos de los tratamientos cognitivo-conductuales mejor probados. A lo largo de los doce años siguientes estudié la TCC en relación con la ansiedad y la depresión; también investigué a este respecto y atendí a pacientes, primero como estudiante de doctorado y después como profesor en la universidad mencionada. Una y otra vez me sentía impactado por el poder que tenía la TCC a la hora de ayudar a las personas a romper grandes barreras.

Lo que no había previsto era lo útiles que me resultarían, en el ámbito personal, sus principios. La vida es dura para todos nosotros, y he recibido mi ración de ataques de pánico, estados depresivos, insomnio, ansiedad, estrés y decepciones aplastantes. Me he encontrado con que las herramientas de la TCC funcionan igual de bien con el terapeuta que con el cliente.

También he estado al otro lado de la relación terapéutica. Sé lo valioso que es que alguien nos escuche, que valide nuestra perspectiva, que nos desafíe (con amabilidad) cuando es necesario, que nos proporcione un espacio en el que podamos decir lo que sea y ser aceptados tal como somos. Si has encontrado un buen terapeuta, sabes muy bien de qué estoy hablando.

Muchas personas que llegan a mi consulta han hecho terapia antes. Tal vez han explorado su infancia, han identificado patrones en sus relaciones más cercanas y han realizado hallazgos valiosos. Probablemente han encontrado muy útil la terapia; tal vez incluso les ha salvado la vida. Y a pesar de ello han buscado un terapeuta de TCC, dado que, por algún motivo, *no han podido experimentar los cambios que querían*.

Quizá no han sido capaces de romper el hábito de evitar las situaciones incómodas. O siguen invadidas por la preocupación constante. O no pueden dejar de criticarse a sí mismas. A menudo, estas personas están buscando herramientas y habilidades que las ayuden a lidiar con temas de los que son bien conscientes. La TCC puede contribuir a que transformen aquello que ya ven.

Quiero que la máxima cantidad de personas posible experimenten el poder que tiene la TCC de hacer que sus dificultades sean más manejables. Por desgracia, muchos no saben que tienen a su disposición un tratamiento psicológico muy efectivo a corto plazo. A otros les cuesta encontrar un terapeuta especializado en TCC. Y otros no pueden costear el tratamiento. Este libro es parte de un esfuerzo encaminado a hacer que quienes necesitan la TCC puedan acceder a ella con mayor facilidad.

Mi objetivo al escribir esta obra es presentarte un conjunto de habilidades que pueden ayudarte a aliviar la ansiedad y la depresión. Si has leído otros libros sobre TCC, podrías encontrar que este es diferente en algunos aspectos. Me he esforzado por hacer que el material sea fácil de comprender y de utilizar, por lo que no he incluido información innecesaria.

También he organizado los temas en un plan de siete semanas que se construye sobre sí mismo semana tras semana. ¿Por qué siete semanas? La estructura de este libro es similar a la que sigo con mis clientes: en la sesión o las sesiones iniciales, desarrollamos un plan de tratamiento sólido. En las sesiones siguientes, trabajamos en el aprendizaje de las habilidades básicas de la TCC. El resto del tratamiento está centrado en aplicar estas habilidades. Estas páginas siguen la misma pauta: se trata de que adquieras las habilidades de la TCC que necesitas lo más rápido posible y de que, después, las utilices por tu cuenta. En otras palabras: se trata de que *aprendas a ser tu propio terapeuta*.

La TCC ha ayudado a innumerables personas a tener una vida mejor. ¿Puede todo el mundo sacar partido de ella? Probablemente no. Según mi experiencia, aquellos a los que les va bien esta modalidad de terapia tienden a reunir tres características: en primer lugar, acuden a la consulta (se da por sentado que acudir al tratamiento con constancia es algo bueno; es probable que esto sea así). En segundo lugar, albergan un escepticismo sano: es necesario ser un «verdadero creyente» en lo que al tratamiento se refiere para beneficiarse de él. Y, finalmente, están dispuestos a probar cosas nuevas.

Te invito a tener estos mismos comportamientos y actitudes. En este caso, «acudir a la consulta» significa que deberás poner toda tu atención e intención en este trabajo. Por tu bien, no puedes hacer menos. Te animo a que te sumerjas en el plan y veas si funciona para ti. Si haces todo esto, apuesto que formarás parte de la mayoría de las personas que se benefician enormemente de la TCC.

Comencemos.

PRIMERA PARTE

ANTES DE EMPEZAR

Antes de sumirnos en el programa de siete semanas te resultará útil conocer un poco la TCC: qué es, cuál es su origen y cómo se utiliza. También te será útil tener una idea de cuáles son los tipos de problemas con los que es más efectiva.

CAPÍTULO 1

Familiarizándonos con la TCC

En este capítulo describiré la terapia cognitivo-conductual (TCC). Resumiré brevemente cómo se desarrolló y hablaré de cómo pueden aplicarla los terapeutas, así como de su eficacia. Cuando llegues al final del capítulo sabrás cuál es la «gran idea» que hay detrás de la TCC y qué es lo que hace que sea una modalidad terapéutica tan potente.

Antes que nada, veamos la experiencia de Ted:

Ted está caminando por el bosque una fría mañana de primavera. Los cerezos y las magnolias están en plena floración, y él siente el calor de los rayos del sol que se filtran a través de los árboles. El sonido del canto de los pájaros llena el aire.

Mientras camina, se encuentra con un puente peatonal de madera. Es ancho y de aspecto sólido, y tiene la misma longitud que un autobús escolar, aproximadamente. El puente pasa sobre un gran arroyo que está nueve o doce metros más abajo.

Cuando Ted se acerca al puente, siente una opresión repentina en el pecho y el estómago. Mira hacia el arroyo y se marea de inmediato. Siente como si no estuviera recibiendo suficiente aire. «No puedo hacerlo —piensa—. No puedo cruzar este puente». Mira al otro lado, allí donde continúa el sendero, adentrándose en el paisaje al que él quería llegar.

Mientras trata de recomponerse, se pregunta por qué le está pasando esto. No solía tener problemas con los puentes, hasta que se quedó atrapado en el tráfico en un enorme puente colgante durante una fuerte tormenta eléctrica. Ahora sufre estos ataques a menudo.

Cuando se siente un poco más tranquilo, trata de reunir el coraje suficiente para cruzar el puente. A los pocos pasos, se siente abrumado por el miedo. Regresa corriendo, decepcionado, y se dirige a su automóvil.

Si Ted hubiese buscado tratamiento en la primera mitad del siglo XX, hay muchas probabilidades de que se hubiese sometido a psicoanálisis, una modalidad terapéutica creada por Sigmund Freud y desarrollada por sus seguidores. El psicoanálisis está basado en una concepción freudiana de la mente, que incluye principios como estos:

- Las experiencias de vida tempranas determinan con fuerza la personalidad.
- Hay partes importantes de la mente «enterradas» muy por debajo de la percepción consciente.
- La lujuria y la agresividad son impulsos animales que albergamos y que están en guerra con nuestros aspectos morales, lo cual conduce a la ansiedad y al conflicto interno.

En coherencia con estos principios el psicoanálisis era, para Freud, una manera de comprender y abordar los conflictos interiores «inconscientes» originados en la infancia.

En las sesiones de psicoanálisis, probablemente Ted se habría recostado en un sofá y habría hablado durante más de una hora; el psicoanalista habría hecho comentarios o formulado preguntas ocasionalmente en este tiempo. Bajo la guía del psicoanalista, habría explorado qué representa el puente para él. Por ejemplo, ¿qué aspecto o aspectos de su infancia asociaría con el puente? ¿Lo animaron a explorar su madre y su padre o le transmitieron mensajes contradictorios, como que fuese «valiente» y que permaneciese junto a su madre?

Siguiendo a Freud, en algún momento el tratamiento abordaría los sentimientos de Ted hacia el psicoanalista, y se interpretaría que dichos sentimientos habrían sido «transferidos» desde ciertas relaciones tempranas (en particular, desde la relación que Ted tenía con su madre o con su padre). Podría ser que visitase al psicoanalista cuatro días a la semana durante años.

Además de ser un tratamiento a largo plazo, habría pocas evidencias en cuanto a lo bien que funcionaba el psicoanálisis. Por lo tanto, Ted podría pasarse años siguiendo un tratamiento cuya eficacia era desconocida. Los desarrollos posteriores en el campo de la psicoterapia tuvieron como objetivo abordar estas carencias.

Breve historia de la TCC

Con la segunda mitad del siglo XX llegó una manera muy diferente de enfocar el tipo de miedo experimentado por Ted. Escritores e investigadores concibieron un tipo de terapia construida sobre descubrimientos científicos recientes, primero en el campo del comportamiento animal y un poco después en el área de la cognición o el pensamiento. Vamos a echar un vistazo a estas dos modalidades de terapia y a ver cómo se fundieron.

TERAPIA CONDUCTUAL
A partir de principios del siglo pasado se desarrolló una línea científica potente centrada en el aprendizaje y el comportamiento de los animales. Primero, Iván Pávlov descubrió cómo aprenden las asociaciones los animales. En su estudio de 1906, el experimentador

tocaba una campana y a continuación le daba comida a un perro; después de unas cuantas rondas de contingencia temporal entre ese sonido y la comida, el perro comenzó a babear al oír la campana. Había aprendido que la campana indicaba que la comida estaba a punto de aparecer.

Unas décadas después, científicos como B. F. Skinner descubrían cómo se moldea la conducta. ¿Qué hace que sea más probable que hagamos algunas cosas y menos probable que hagamos otras? Los resultados son bien conocidos hoy en día: castiga una acción para detenerla; premia una acción para alentarla. Tomados en conjunto, los hallazgos de Pávlov, Skinner y sus colegas proporcionaron varias herramientas para influir en el comportamiento animal, incluido el comportamiento humano.

Los científicos conductistas de mediados del siglo xx vieron la gran oportunidad de utilizar estos principios para favorecer la salud mental. En lugar de tener a los pacientes en el sofá durante años, tal vez unas cuantas sesiones de tratamiento conductual bien dirigido podría ayudarlos a superar la ansiedad y otros problemas.

Quizá el pionero más conocido de la terapia conductual sea el psiquiatra sudafricano Joseph Wolpe, quien creó el tratamiento para la ansiedad basado en la conducta llamado *desensibilización sistemática*. Arnold Lazarus, también procedente de Sudáfrica y colaborador de Wolpe, diseñó una terapia «multimodal» que incluía la terapia conductual en un enfoque más integral.

¿Cómo explicarían y tratarían el problema de Ted estos y otros terapeutas conductistas? Probablemente se expresarían en estos términos, más o menos:

Bien, Ted, parece que has aprendido a temer los puentes, tal vez porque tuviste esa experiencia aterradora en un puente y ahora asocias los puentes con el peligro. Cada vez que te acercas a un puente comienzas a entrar en pánico, sensación que es realmente incómoda, por decir lo menos. Por lo tanto, es comprensible que trates de huir de la situación.

Cada vez que huyes experimentas una sensación de alivio: has evitado algo que te hace sentir muy mal, y experimentas la recompensa asociada a ello. Pero si bien la evitación te hace sentir mejor a corto plazo, no te ayuda a cruzar el puente, porque esta recompensa refuerza el hábito de la evitación.

He aquí lo que vamos a hacer, si estás dispuesto a ello. Haremos una lista de las situaciones que desencadenan tu miedo y ordenaremos cada actividad según su grado de dificultad. A continuación trabajaremos con los elementos de la lista sistemáticamente, empezando por los más fáciles y avanzando hacia los más difíciles. Cuando nos enfrentamos a nuestros miedos, disminuyen. No debería pasar mucho tiempo antes de que te sientas más cómodo en los puentes, ya que tu cerebro aprenderá que no son tan peligrosos en realidad.

Observa que el terapeuta conductual de Ted no mencionaría su infancia ni los conflictos que pudiera albergar en el plano inconsciente. Se centraría en la conducta que mantenía trabado a Ted y en cambiarla para lograr una mejoría.

TERAPIA COGNITIVA

Una segunda modalidad de tratamiento a corto plazo, desarrollada en las décadas de 1960 y 1970, puso el acento en el poder que tienen los pensamientos de dirigir nuestras emociones y nuestros actos.

Los dos hombres que son considerados, mayoritariamente, los padres de la terapia cognitiva difícilmente podrían haber sido más diferentes. Albert Ellis era un psicólogo beligerante e irreverente, mientras que Aaron Beck, psiquiatra, era un académico de toda la vida de los que visten traje y corbata de lazo. Pero de alguna manera desarrollaron, cada uno por su cuenta, unas terapias sorprendentemente similares.

La premisa de la terapia cognitiva es que problemas como la ansiedad y la depresión tienen como base nuestros pensamientos. Para entender cómo nos sentimos, tenemos que saber qué estamos pensando. Si padecemos una ansiedad abrumadora, es probable que pensemos mucho en peligros potenciales.

Por ejemplo, cuando Ted vio el puente y sintió un miedo extremo, su experiencia fue la siguiente:

Puente ⟶ Miedo

Desde el punto de vista de la terapia cognitiva, falta un paso crucial: la interpretación de Ted de lo que representa el puente:

Puente ⟶ «Perderé el control y me caeré del puente» ⟶ Miedo

Habida cuenta de las creencias de Ted, su miedo está perfectamente justificado. Esto no significa que sus pensamientos se correspondan con la realidad. Pero si sabemos lo que piensa, nos resultará fácil ver por qué siente miedo.

Cuando estamos deprimidos, nuestros pensamientos suelen estar impregnados de desesperanza y derrotismo. De nuevo, en la terapia cognitiva es importante averiguar de qué manera contribuyen nuestros pensamientos a que tengamos el ánimo bajo. Por ejemplo, Jan pudo haber tenido esta experiencia:

Le tocaron la bocina mientras conducía ⟶ Se sintió mal el resto del día

Lo que desanimó a Jan no fue que le tocaran la bocina, sino la historia que se contó a sí misma sobre el significado del suceso:

Le tocaron la bocina mientras conducía ⟶ «No puedo hacer nada bien» ⟶ Se sintió mal el resto del día

Una vez más, las respuestas emocionales tienen sentido cuando conocemos los pensamientos.

Nuestros pensamientos y nuestras emociones van de la mano. La idea crucial de la terapia cognitiva es que *si cambiamos lo que pensamos podemos cambiar nuestras emociones y nuestras conductas.*

Examinemos ahora lo que podría decirle a Ted un terapeuta cognitivo:

Da la impresión de que tu mente está sobrestimando lo peligrosos que son los puentes. Crees que el puente se desprenderá o que llegarás a estar tan asustado que tendrás un comportamiento impulsivo, como el de saltar.

Me gustaría que contemplases conmigo las evidencias. Podemos averiguar si los puentes son tan peligrosos como crees. Reuniremos algunos datos, procedentes de investigaciones, de tu experiencia y de experimentos que podemos hacer juntos. Por ejemplo, podríamos ir a un puente que encuentres difícil pero manejable y ver si sucede eso que temes.

Lo más probable es que no tardes en descubrir que los puentes son firmes y que no hay posibilidades realistas de que actúes a partir de un impulso y hagas algo horrible. Cuando tu mente reajuste su estimación del peligro real, te sentirás más tranquilo en presencia de los puentes y tu vida retornará a la normalidad.

TERAPIA COGNITIVO-CONDUCTUAL: UNA INTEGRACIÓN INEVITABLE

Al leer las indicaciones que se darían a Ted desde la terapia conductual y la cognitiva, tal vez has pensado que no parecen tan diferentes. Si ha sido así, estás en lo cierto: nuestros pensamientos y nuestros actos están conectados, y es difícil imaginar que se puedan cambiar unos sin afectar a los otros.

Las terapias conductual y cognitiva tienen los mismos objetivos y suelen servirse de herramientas similares. Es revelador el hecho de que el nombre de las terapias cambiase para incluir aspectos tanto cognitivos como conductuales, ya que tanto Beck como Ellis añadieron la palabra *conducta* a sus tratamientos característicos. Incluso las organizaciones profesionales se han sumado a la tendencia, ya que la antigua American Association for Behavioral Therapy ('asociación estadounidense de terapia conductual') es actualmente la Association for Behavioral and Cognitive Therapies ('asociación de terapias cognitivas y conductuales').

¡Atención! Si padeces una depresión grave, piensas en hacerte daño a ti mismo o experimentas otros problemas de salud mental importantes, llama a un psicólogo, a un psiquiatra o a otro profesional de la salud mental. Si se trata de una emergencia, llama al teléfono de emergencias de tu país o acude a la sala de urgencias más cercana.

En resumen: la integración se ha convertido en el tratamiento estándar de la TCC y es el enfoque que vamos a adoptar en este manual práctico. Trabajaremos para comprender cómo están relacionados los pensamientos, las emociones y las conductas. El diagrama siguiente expresa estas interrelaciones:

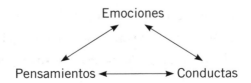

Cada uno de los elementos afecta a los demás. Por ejemplo, cuando sentimos ansiedad, tendemos a tener pensamientos de peligro y queremos evitar aquello que tememos. Además, cuando pensamos que algo es peligroso lo tememos (emoción) y queremos evitarlo (conducta). Observa el diagrama siguiente, que Ted elaboró con su terapeuta.

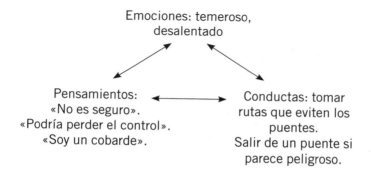

Situación: tratar de cruzar un puente haciendo senderismo

Emociones: temeroso, desalentado

Pensamientos: «No es seguro». «Podría perder el control». «Soy un cobarde».

Conductas: tomar rutas que eviten los puentes. Salir de un puente si parece peligroso.

Piensa en una situación reciente en la que experimentaste una emoción fuerte, tal vez ansiedad o tristeza. Describe brevemente la situación en el espacio que sigue:

_____

_____

_____

_____

_____

_____

_____

Usando el esquema siguiente, escribe las emociones que experimentaste, los pensamientos que recuerdas que tuviste y lo que hiciste:

Lo que sentí:

_____

_____

_____

_____

Lo que pensé: Lo que hice:

_____   _____

_____   _____

_____   _____

_____   _____

_____   _____

_____   _____

¿Adviertes conexiones entre tus emociones, tus pensamientos y tus actos? Utiliza flechas para dibujar estas conexiones en el diagrama. Regresaremos muchas veces a este modelo de conexiones a lo largo del libro. Pero primero de todo examinemos los principios rectores que hacen que la TCC tenga una idiosincrasia especial y sea altamente efectiva.

Los principios de la TCC

La TCC es como otras terapias en muchos aspectos. Uno de ellos es que implica una relación de apoyo entre el terapeuta y el cliente. Los terapeutas de TCC efectivos ven a sus clientes bajo una luz positiva y se esfuerzan por comprender cómo ven el mundo. Como cualquier terapia exitosa, la TCC es un emprendimiento profundamente humano. Al mismo tiempo, presenta unos rasgos distintivos. Estos son algunos de los principios fundamentales que la definen:

LA TCC PRESENTA LÍMITES TEMPORALES

Cuando no se determina un final para el tratamiento, podemos decirnos a nosotros mismos: «Siempre puedo trabajar en esto la próxima semana». Sin embargo, la TCC está concebida para proporcionar el máximo beneficio en el menor tiempo posible (por lo general, entre diez y quince sesiones), lo cual minimiza el sufrimiento humano y también el coste. Un tratamiento más corto puede motivarnos asimismo a enfocar los esfuerzos en sacarle el máximo partido.

LA TCC SE BASA EN LAS EVIDENCIAS

Los terapeutas de la TCC se basan en técnicas que han sido puestas a prueba convenientemente en estudios de investigación. Basándose en estos estudios, pueden estimar lo que durará un tratamiento para un problema dado y qué probabilidades hay de que la persona se beneficie de él. Los terapeutas de la TCC también reúnen datos a lo largo del tratamiento para ver qué está funcionando y qué no, para poder realizar los ajustes pertinentes.

LA TCC ESTÁ ORIENTADA A LOS OBJETIVOS

Todo el sentido de la TCC es avanzar hacia la consecución de los objetivos del cliente. Este debería percibir con claridad si el tratamiento le está siendo útil con este fin y qué progresos está realizando.

LA TCC SE BASA EN LA COLABORACIÓN

Puede ser fácil pensar que el terapeuta de TCC es la persona que efectúa el «arreglo». Esta visión se corresponde con el modelo típico de búsqueda de ayuda (por ejemplo, un cirujano realiza una operación para arreglar una rodilla). Pero la TCC no es algo que pueda hacerse *a* una persona. En lugar de ello, el terapeuta es experto en la TCC, mientras que cada cliente cuenta con un conocimiento especializado sobre sí mismo. Para que esta terapia tenga éxito hay que reunir estas perspectivas con el fin de adaptar el tratamiento a las necesidades del cliente. Igualmente, tú y yo vamos a colaborar a lo largo de este libro: yo proporcionaré las técnicas de TCC y tú las adaptarás para que se ajusten a tus objetivos.

LA TCC ES ESTRUCTURADA

Con la TCC, se determina el lugar al que se va y la manera de llegar allí. Lo primero en el contexto de la TCC es establecer unos objetivos claros; a continuación hay que diseñar un plan de tratamiento, como cuando se define una hoja de ruta. Una vez que tengamos el mapa, sabremos si estamos avanzando hacia nuestros objetivos. La estructura de la TCC se construye sobre sí misma, de tal manera que las sesiones anteriores sientan las bases para las posteriores. Por ejemplo, en la tercera semana de este programa hablaremos sobre cómo identificar los pensamientos inútiles, y en la cuarta semana trabajaremos en la manera de cambiar estos pensamientos.

¿ES ESTO TCC?

TCC es una denominación general que incluye muchos tipos de terapias. El nombre de algunos programas potentes de TCC no incluye esta denominación. Estos son algunos ejemplos:

- **Exposición con prevención de respuesta** para el trastorno obsesivo-compulsivo (TOC).
- **Exposición prolongada** para el trastorno de estrés postraumático (TEPT).
- **Terapia dialéctico-conductual** para el trastorno límite de la personalidad.
- **Terapia de control del pánico** para el trastorno de pánico.

Cada uno de estos programas terapéuticos adapta los componentes básicos de la TCC para abordar el problema para el que están concebidos. Por lo tanto, si estás buscando una TCC, ten en cuenta que podría no llevar este nombre.

En la otra cara de la moneda, no todo aquello a lo que se llama TCC lo es en realidad. Si buscas un terapeuta de TCC, asegúrate de que cuenta con formación especializada en este enfoque. El apartado «Recursos», al final del libro, incluye un enlace a pautas que debes tener en cuenta para encontrar un terapeuta de TCC.

LA TCC ESTÁ ENFOCADA EN EL PRESENTE

Comparada con otras modalidades terapéuticas, la TCC dedica más tiempo a lidiar con lo que está ocurriendo ahora que a bucear en el pasado. Esto no significa que los terapeutas de la TCC ignoren el pasado o traten los sucesos de la infancia como si fuesen irrelevantes. Ahora bien, se pone el acento en cómo cambiar los pensamientos y las conductas actuales con el fin de conseguir un alivio duradero lo antes posible.

¿QUÉ PASA CON LA MEDICACIÓN?

Muchas personas eligen tomar medicamentos para tratar la ansiedad y la depresión, con o sin psicoterapia. Los inhibidores selectivos de la recaptación de serotonina (ISRS) como la fluoxetina (Prozac) y la sertralina (Zoloft) son los fármacos más recetados para la depresión y también se prescriben para la ansiedad. A menudo se recetan otros medicamentos para la ansiedad, especialmente benzodiacepinas como el clonazepam (Klonopin).

Ensayos de investigación han hallado que algunos medicamentos pueden ser tan efectivos como la TCC, al menos mientras se toman. Los estudios que incluyen períodos de seguimiento tienden a encontrar que la TCC protege mejor contra las recaídas. Por ejemplo, un estudio de 2005 de Hollon y sus colegas halló que someterse a la TCC frente a tomar fármacos antidepresivos reducía en un ochenta y cinco por ciento el riesgo de volver a sufrir depresión.

Las personas interesadas en tomar medicación psiquiátrica deberían consultar con un médico que tenga mucha experiencia en el tratamiento del problema que las aqueja.

LA TCC ES UN TRATAMIENTO ACTIVO

La TCC es un tratamiento que requiere «remangarse», pues pone el acento en trabajar en pos de unos objetivos claramente definidos. Tanto el terapeuta como el cliente están implicados activamente en el proceso.

LA TCC FOMENTA LA ADQUISICIÓN DE HABILIDADES

A través de la TCC aprendemos técnicas para gestionar los problemas con los que estamos lidiando, las ponemos en práctica por nuestra cuenta y las conservamos cuando el tratamiento ha terminado. Las personas que siguen la TCC suelen decir cosas como estas: «Estoy empezando a reconocer los trucos que emplea la mente consigo misma», «Ahora tengo la manera de comprobar si mis pensamientos se corresponden con la realidad» o «Ahora gestiono mejor mi ansiedad».

LA TCC PONE EL ACENTO EN LA PRÁCTICA

En la mayoría de los casos, se hace terapia una hora a la semana. Por lo tanto, el cliente no está en presencia del terapeuta durante ciento sesenta y siete horas semanales. De resultas de ello, tiene que practicar las nuevas habilidades entre las sesiones para sacarles el máximo partido. Muchos estudios han mostrado que las personas que trabajan más entre las sesiones son aquellas a las que les va mejor con la TCC.

Hasta aquí hemos expuesto los fundamentos de la TCC y hemos visto su origen. En las últimas décadas, ha habido investigadores que han puesto a prueba tratamientos de TCC en ensayos clínicos. Veamos qué han encontrado.

¿Hasta qué punto es eficaz la TCC?

Cientos de ensayos de investigación han puesto a prueba la eficacia de la TCC en relación con un amplio abanico de problemas. Por fortuna, no tenemos que leer todos estos estudios para quedarnos con el mensaje principal. Los investigadores pueden combinar estudios similares en uno solo utilizando sofisticadas estadísticas en lo que se conoce como *metaanálisis*.

Todos los metaanálisis han revelado que la TCC tiene efectos contundentes en el tratamiento de la ansiedad, la depresión y otros trastornos. Estos efectos están por encima y más allá de cualquier mejoría que se podría esperar debido al paso del tiempo, porque se han hallado en estudios que incluían una lista de espera a modo de mecanismo de control. Por ejemplo, si sesenta personas se apuntaron a participar en un estudio dado, la mitad recibieron diez semanas de tratamiento de forma inmediata, mientras que el tratamiento se retrasó diez semanas para la otra mitad. De esta manera, el equipo del estudio podía comparar los síntomas de ambos grupos transcurridas las diez semanas.

Los investigadores también estudian si la TCC es verdaderamente útil o si las personas mejoran por el solo hecho de pensar que están recibiendo un tratamiento eficaz. Para encontrar una respuesta a esta pregunta, los científicos utilizan una pastilla placebo (una píldora que no contiene ninguna sustancia medicamentosa), con la que controlan cualquier expectativa de mejoría que podría tener una persona por pensar que está siendo tratada. Los tratamientos de TCC para muchos problemas dan lugar a resultados muy superiores a los que brinda una pastilla placebo.

¿Cómo funciona la TCC en comparación con otras modalidades de psicoterapia? La gran mayoría de los programas cuya eficacia está fuertemente respaldada por los resultados de estudios son, esencialmente, modalidades de esta terapia. Por ejemplo, solo la TCC cuenta con un sólido respaldo por parte de los estudios como tratamiento del trastorno de pánico, el trastorno de déficit de atención e hiperactividad (TDAH) en adultos, las fobias y el trastorno obsesivo-compulsivo. Si bien algunos otros tipos de psicoterapia también son efectivos, hay evidencias que indican que la TCC es significativamente más eficaz que los tratamientos menos estructurados y más abiertos. Los programas de TCC son relativamente fáciles de estandarizar y poner a prueba en estudios de investigación en comparación con modalidades terapéuticas de formato más libre; ello contribuye a que dichos estudios ofrezcan una buena base de evidencias.

Por otra parte, los programas de TCC son sencillos, lo cual hace que sean apropiados para sacarlos de la consulta terapéutica y convertirlos en herramientas de autotratamiento, como este mismo libro y la TCC con base en Internet. Todos los metaanálisis han hallado que la TCC dirigida por la propia persona afectada puede mitigar los síntomas de la ansiedad y la depresión.

Si bien los tratamientos autodirigidos son efectivos en sí mismos, los estudios también han hallado que a algunas personas las beneficia incluso más la «autoayuda guiada» (la implicación limitada de un experto, ya sea por vía telefónica, por correo, por correo electrónico o de forma presencial). A causa de ello, los contenidos de este libro están pensados para ser abordados tanto en solitario como bajo la guía de un profesional.

En el próximo apartado veremos por qué funcionan tan bien los programas de TCC. Antes, sin embargo, tómate un momento para pensar en una época en la que intentaste cambiar algo en tu vida. Por ejemplo, tal vez quisiste hacer más ejercicio o aprender algo nuevo.

Cambio que quisiste efectuar:

Ahora escribe lo que fue bien, lo que no fue bien y cualquier obstáculo con el que te encontraste:

Por qué funciona la TCC

La TCC se basa en unos cuantos principios básicos relativos a las relaciones que hay entre los pensamientos, las emociones y la conducta. Solo hace unas pocas décadas que está reconocida como método de tratamiento; sin embargo, los principios sobre los que descansa tienen poco de nuevos. Por ejemplo, tal como escribió el filósofo griego Epicteto hace casi dos mil años, «a las personas no las perturban las cosas, sino la forma en que las miran». Aaron Beck y Albert Ellis dijeron esencialmente lo mismo en sus escritos.

Entonces, ¿qué aporta la TCC a los principios básicos que se conocen desde hace cientos o miles de años?

EJERCICIOS DIRIGIDOS

Si sentimos ansiedad o estamos deprimidos, tal vez sintamos que no tenemos el control de muchas áreas de nuestra vida y puede costarnos saber dónde empezar a enfocar la energía. La TCC aporta una estructura que nos da una idea acerca de por dónde empezar. En lugar de tratar de abarcar todo de una vez, la sesión de TCC típica está centrada en uno o dos temas concretos. Contar con unos ejercicios específicos para practicar entre sesiones nos permite focalizar aún más nuestros esfuerzos.

SE LOGRAN EFECTOS CON LA PRÁCTICA

La mayoría de las veces mejoramos no al aprender algo nuevo, sino al actuar a partir de lo que ya sabemos. Conocer los principios de la TCC es esencial, y *practicarlos* es lo que hace que sean efectivos. Ocurre lo mismo que con los programas de ejercicio: conocer los beneficios de la actividad física es útil, pero solo los obtendremos si nos aplicamos a ella. La TCC nos recuerda con firmeza el plan que debemos seguir para conseguir nuestros objetivos.

SE SALE DE CÍRCULOS VICIOSOS

Cuando estamos muy ansiosos o deprimidos, nuestros pensamientos y nuestras emociones y conductas tienden a actuar en nuestra contra, en una espiral viciosa. La TCC nos ayuda a salir de esta espiral. A medida que practicamos una forma mejor de pensar y tenemos una conducta más constructiva, nuestros pensamientos y nuestros actos se refuerzan entre sí en un sentido positivo.

SE ADQUIEREN HABILIDADES

Finalmente, el enfoque que pone la TCC en el aprendizaje y la práctica de nuevas habilidades asegura que nos llevaremos el tratamiento con nosotros una vez que haya terminado. Cuando nos encontremos frente a nuevos desafíos, dispondremos de un conjunto de herramientas para hacerles frente. Por lo tanto, los beneficios de la TCC van mucho más allá del período de tratamiento.

En este capítulo he explicado brevemente la historia de la TCC, así como sus principios básicos y los motivos por los que funciona. Ahora, tómate unos minutos para reflexionar y ver cómo puedes aplicar a tu vida lo que has aprendido. Anota tus pensamientos y emociones, procurando abrirte lo máximo posible. Dedica cierta cantidad de tiempo a esta actividad. Resiste el impulso de saltarte este paso y pasar al próximo capítulo. Cuando hayas terminado, en el capítulo dos seguiremos trabajando para sentar las bases para el plan de siete semanas.

CONSIDERACIONES FINALES

CAPÍTULO 2

Sobre la ansiedad y la depresión

En el capítulo previo vimos cómo y por qué se desarrolló la TCC y los aspectos básicos de su uso para tratar la ansiedad y la depresión. Vimos algunas de las peculiaridades de la TCC que hacen de ella una modalidad terapéutica única (por ejemplo, está muy estructurada y se centra en la práctica de unas habilidades clave).

En este capítulo veremos qué son exactamente la ansiedad y la depresión y cómo pueden perturbar nuestra vida. Empecemos con la ansiedad.

La fobia de Mel a los perros

—¿Qué pasa, mamá? —pregunta la hija de Mel al sentir que la mano de su madre se tensa alrededor de la suya. La niña percibe que algo anda mal.

—No pasa nada, cariño —responde Mel, intentando aparentar despreocupación—. Crucemos la calle.

Lo que no le cuenta Mel a su hija de cuatro años es que quiere evitar a toda costa encontrarse con el perro que ha visto en la acera, a cierta distancia. Desde que la persiguió un perro grande que salió de su patio, a Mel le aterroriza la idea de que los perros puedan atacarla. Aunque no resultó herida, está convencida de que habría sufrido daños si el dueño del perro no lo hubiese llamado. Ahora, cuando ve un perro, su corazón se acelera, empieza a sudar y evita al animal si puede.

Aquí tenemos todos los elementos del marco conceptual de la TCC. En primer lugar, Mel cree que los perros son extremadamente peligrosos. Albergando esta creencia, no es de extrañar que sienta miedo cada vez que ve uno. Su experiencia es esta:

Ve un perro ⟶ Tiene miedo

Con lo que sabemos de la TCC, podemos añadir el pensamiento que interviene:

Ve un perro ⟶ «Los perros son peligrosos» ⟶ Tiene miedo

En segundo lugar, Mel evita a los perros. Con este comportamiento, siente menos miedo. En cierto sentido, su evitación funciona, al menos a corto plazo. Por desgracia, también hace más probable que siga huyendo de los perros en el futuro.

Al evitar a los perros, Mel *nunca llega a experimentar lo que ocurriría si se acercase a uno.* Por lo tanto, su conducta evitativa *refuerza* su creencia de que los perros son peligrosos.

Para completar el círculo vicioso, su miedo afecta a su conducta: la impulsa a evitar a los perros. Asimismo, este miedo también fortalece su creencia de que los perros son peligrosos: «¿Por qué si no les tendría tanto miedo?».

Cuando Mel acudió en busca de tratamiento para su miedo a los perros, se encontraba sumida en una espiral viciosa de pensamientos, conductas y emociones, que se puede representar en un diagrama como el que hemos visto antes:

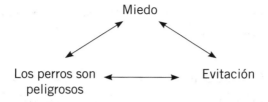

Veamos cómo la ayudó a liberarse la TCC:

EN CUANTO A LOS PENSAMIENTOS

Con la ayuda de su terapeuta, Mel identificó sus creencias relativas a los perros y las bases de estas creencias. Creía que era muy probable que los perros atacasen; estimaba que esta probabilidad era del veinticinco por ciento. El terapeuta* la animó a pensar en todas las veces que había estado cerca de un perro y en la cantidad de veces que ella u otra persona habían sido objeto de ataque. Mel se dio cuenta de que había estado cerca de perros miles de veces y de que solo en una ocasión la había perseguido uno.

> *«De todos modos, basta con que ocurra una vez», dijo Mel. Entonces, ella y el terapeuta exploraron lo sucedido en ese episodio de persecución. Tal vez el perro solo quería jugar con ella; al menos, eso fue lo que le dijo el dueño para disculparse. Pero Mel se quedó con la impresión de lo que podría haber ocurrido.*

Es importante señalar que *el solo hecho de cambiar sus pensamientos no la liberó de su miedo extremo*; solo alivió ligeramente su sensación de terror. (Seguramente sabrás de qué estoy hablando: por ejemplo, la mayoría de las personas que tienen miedo a volar [aerofobia] saben que esa es la manera más segura de viajar). Pero al menos

---

* N. del T.: También pudo haber sido *una* terapeuta; no es posible discernir el género en la obra original.

ahora se encontraba *dispuesta* a afrontar su miedo, habida cuenta del bajo riesgo existente.

EN CUANTO A LAS CONDUCTAS

A continuación, Mel y su terapeuta hicieron una lista de maneras en que pudiese practicar la cercanía con los perros hasta volver a sentirse a gusto (este proceso se llama *exposición*). Se les ocurrieron algunas medidas bastante fáciles, como permanecer en la acera cuando un perro pasase por el otro lado de la calle, y otras más difíciles. La medida más extrema que contemplaron fue acariciar un perro grande y «aterrador», como un pastor alemán o un *rottweiler*, siempre que su dueño lo consintiera.

Los primeros ejercicios no fueron muy mal, y Mel no tardó en sentirse a gusto en presencia de perros. Como han comentado Edna Foa y otros psicólogos, la experiencia de no ser atacada por ningún perro tuvo un gran impacto en la creencia de Mel relativa a la peligrosidad de los canes. Al ir mitigando el miedo, le resultó más fácil afrontar las exposiciones más exigentes. En aquel momento sus pensamientos, sus conductas y sus emociones estaban trabajando conjuntamente *a su favor* en lugar de ir en contra de ella.

Al final del tratamiento, Mel apenas se podía creer lo lejos que había llegado en unas pocas sesiones. Se sintió orgullosa de sí misma por haber afrontado sus miedos. Incluso sorprendió al terapeuta al adquirir un perrito. Al estar cerca de perros en el curso de la terapia, se dio cuenta de que le encantaban. Aún se muestra debidamente precavida en presencia de perros a los que no conoce, pero ya no los teme ni los evita.

Los rostros de la ansiedad

La ansiedad puede ser útil. Piensa en todas las maneras en que nos ayuda a asumir nuestras responsabilidades. Si no experimentásemos ningún grado de ansiedad, tal vez no nos levantaríamos de la cama por la mañana. Yo mismo probablemente no haría otra cosa que ver la televisión o navegar por Internet si no sintiese ninguna ansiedad en relación con el plazo en el que debo terminar este libro.

LA ANSIEDAD EN CIFRAS

Los trastornos de ansiedad son los problemas psiquiátricos más extendidos entre la población. ¿Cuál es la probabilidad de sufrir un tipo de ansiedad importante en algún momento?

- El **18 %** de las personas tendrán una **fobia específica**.
- El **13 %** de las personas padecerán el **trastorno de ansiedad social**.
- El **9 %** de las personas sufrirán el **trastorno de ansiedad generalizada**.
- El **7 %** de las personas padecerán el **trastorno de pánico**.
- El **4 %** de las personas tendrán **agorafobia**.

Las **mujeres** tienen aproximadamente un 70 % más de posibilidades de sufrir un trastorno de ansiedad que los hombres. La diferencia de género es mayor en el caso de las fobias específicas y menor en el caso del trastorno de ansiedad social.

En muchas situaciones, veríamos raro que una persona no mostrase ni un signo de ansiedad; por ejemplo, durante una primera cita o una entrevista de trabajo. Podríamos pensar que a esa persona no le importa el resultado.

La ansiedad también nos protege de los peligros y nos impulsa a proteger a quienes nos importan (por ejemplo, hace que los padres siempre tengan un ojo puesto en sus hijos cuando están junto a una piscina). En definitiva, la ansiedad nos ayuda a sobrevivir, a ser productivos y a llevar nuestros genes a la siguiente generación.

Entonces, ¿cuándo es un trastorno la ansiedad? Los profesionales de la salud mental de Estados Unidos suelen basarse en la quinta edición del *Manual diagnóstico y estadístico de los trastornos mentales* (abreviado *DSM-5*, por sus siglas en inglés) de la Asociación Estadounidense de Psiquiatría para determinar cuándo está justificado un diagnóstico psiquiátrico. El *DSM-5* indica que podemos encontrarnos en presencia de un trastorno de ansiedad en estos casos:

- **La ansiedad es exagerada en comparación con el peligro real.** Sentir mucho miedo cuando nos encontramos con una araña viuda negra es menos probable que sea un trastorno que el hecho de sentir terror en presencia de moscas comunes.
- **La ansiedad aparece siempre en ciertas situaciones y durante un período de semanas o meses.** El *DSM-5* incluye extensiones de tiempo en las que debe estar presente la ansiedad para que nos encontremos ante un trastorno probable. Por ejemplo, los síntomas del trastorno de pánico tienen que durar un mes por lo menos para ser diagnosticados, mientras que los síntomas del trastorno de ansiedad generalizada tienen que estar presentes durante seis meses como mínimo.

- **La ansiedad perturba realmente a la persona,** que no puede ignorarla y seguir adelante.
- **La ansiedad interfiere en las actividades normales de la persona.** Por ejemplo, el miedo de Mel a los perros y su impulso de evitarlos hacía que le resultase difícil realizar actividades ordinarias fuera de casa.

Examinemos a continuación los principales tipos de ansiedad que experimentan los adultos según el *DSM-5*.

FOBIAS ESPECÍFICAS

Las fobias específicas implican una ansiedad excesiva y un gran miedo, a menudo irracional, a un objeto o un escenario dado. El ser humano puede tener fobias a todo prácticamente, desde las arañas hasta las inyecciones, pasando por los payasos. El *DSM-5* indica que hay miedos más extendidos, como el miedo a animales, a ciertos «entornos naturales» como las alturas y las tormentas, y a situaciones como volar o desplazarse en ascensor. A veces el miedo tiene su origen en una mala experiencia (como en el caso del miedo de Mel a los perros), pero muchas veces no se puede identificar una causa. Si has lidiado con una fobia específica, ya sabes lo perturbadora que puede ser y lo fuerte que es el impulso de evitar lo que se teme.

TRASTORNO DE ANSIEDAD SOCIAL

En el caso del trastorno de ansiedad social, se temen mucho los escenarios sociales. Aunque de entrada pueda parecer una fobia específica a situaciones sociales, presenta diferencias importantes respecto a las fobias. En primer lugar, lo que se teme en última instancia es el bochorno, la vergüenza. Casi parece cruel el hecho de que, a menudo, lo que se teme es parecer ansioso, lo cual conduce a una mayor ansiedad.

Además, en el caso de las fobias solemos saber si aquello que tememos sucedió. Por ejemplo, sabemos si caímos de una gran altura o si el ascensor quedó atorado. En el caso del trastorno de ansiedad social, tratamos de adivinar lo que piensan los demás: «¿Piensan que he dicho tonterías?», «¿Estoy haciendo que se sienta raro?», «¿Se aburren?». Si nos dicen cosas agradables («¡Has dado una charla muy buena!»), puede muy bien ser que pensemos que la otra persona no ha sido sincera. Podemos pensar que lo hemos hecho muy mal, aunque no haya ocurrido nada que lo justifique claramente.

TRASTORNO DE PÁNICO

Las personas que padecen el trastorno de pánico a menudo sufren episodios de miedo, surgidos de la nada aparentemente; su inicio es claro y repentino. A pesar de lo desagradables que son, los ataques de pánico en sí no constituyen un trastorno; solo una de cada seis personas que han tenido un ataque de pánico sufre el trastorno de pánico (ver el recuadro). Los ataques tienen que ocurrir repetidamente y ser inesperados, y deben tener una de estas dos consecuencias para la persona: o bien le preocupa tener más ataques, o bien cambia su comportamiento (por ejemplo, evita conducir a ciertas horas del día). Si la necesidad de evitar lugares en los que es probable que surja el pánico es fuerte, puede darse el trastorno llamado *agorafobia*.

LOS EFECTOS DEL PÁNICO

Un ataque de pánico no es algo sutil. Es como una alarma que se dispara y llama nuestra atención. Durante el episodio de pánico, el sistema nervioso simpático del cuerpo lanza una respuesta de «lucha o huida»; libera sustancias químicas como la adrenalina que nos preparan para lidiar con el peligro. Estos son los efectos habituales de esta alarma de lucha o huida; en parte, los he sacado de un manual de trabajo escrito por los expertos en pánico Michelle Craske y David Barlow:

- El corazón late más rápido y con mayor fuerza.
- Respiramos más deprisa y con mayor profundidad, lo cual puede conducir a sensaciones extrañas como mareos o la impresión de que vamos a desmayarnos. También puede conducir a la desrealización (algunos la describen como la sensación de que la realidad se está «doblando») o a la despersonalización (en la que sentimos que no estamos conectados con nuestro cuerpo).
- Sudamos más, lo cual puede hacernos sentir más cohibidos.
- El sistema digestivo se ve afectado, lo cual puede dar lugar a náuseas o diarrea.
- Los músculos se tensan para prepararse para la acción, lo cual puede ocasionar temblores.
- Es probable que tengamos un deseo abrumador de salir de la situación en la que nos encontramos.
- Cuando la alarma se dispara, tratamos de saber qué anda mal. Si no hay ninguna explicación evidente es probable que, tal como apuntan Craske y Barlow, la mente piense que hay algo que no está bien en el interior de uno: pensamos que nos encontramos ante una emergencia médica, como un ataque al corazón o un derrame cerebral, o que estamos a punto de perder el control. Estos miedos no hacen más que intensificar la señal de alarma.
- Cuando el ataque está remitiendo, es probable que nos sintamos exhaustos de resultas del estrés y la tensión asociados al

pánico. Tal vez lloremos con el incremento de la actividad en el sistema nervioso parasimpático (la cual nos tranquiliza).

AGORAFOBIA

Aunque parece un tipo de fobia específica, la agorafobia consiste en evitar lugares en los que pensamos que sería terrible entrar en pánico (o en los que sería horrible encontrarnos en otra situación igualmente embarazosa, como podría ser tener una diarrea incontrolable). Según el *DSM-5*, es probable que una persona con agorafobia evite escenarios como el transporte público, los puentes, los cines o las colas de los supermercados; también puede ser que evite ir por ahí sin un compañero «seguro» que pueda echar una mano si ocurre algo. En algunos casos, la ansiedad y la evitación son tan fuertes que la persona evita totalmente salir de casa, a veces durante años.

TRASTORNO DE ANSIEDAD GENERALIZADA (TAG)

La preocupación persistente y generalizada es el sello distintivo del trastorno de ansiedad generalizada. Además de la preocupación excesiva y difícil de controlar, en el TAG también encontramos problemas de sueño, dificultad para concentrarse o un cansancio permanente. Mientras que el pánico está asociado a la amenaza de un peligro inminente, el TAG se halla en el extremo opuesto del espectro. La ansiedad se extiende por múltiples áreas (por eso se la llama «generalizada») y se experimenta como un pavor abrumador en relación con todo tipo de situaciones hipotéticas. Tan pronto como se resuelve un objeto de preocupación, otro toma el relevo.

¿Sufres un determinado tipo de ansiedad? La lista siguiente te puede ayudar a hacerte una idea al respecto.

LISTA DE VERIFICACIÓN DE LA ANSIEDAD

Pon una marca de verificación al lado de los enunciados con los que te identificas.

CATEGORÍA A

☐ Hay cierta situación o cierta cosa (por ejemplo, las alturas, la sangre, las serpientes, volar en avión) que casi siempre me produce un miedo tremendo.

☐ Siempre que puedo, evito la situación o la cosa que me da miedo.

☐ Cuando no puedo evitar la situación o la cosa que temo, experimento una gran incomodidad.

☐ Siento miedo en un grado que probablemente no está justificado, habida cuenta del peligro real.

☐ Hace al menos algunos meses que tengo este miedo.

CATEGORÍA B

☐ He vivido más de un episodio repentino de miedo intenso.

☐ Durante esos episodios mi corazón iba deprisa o latía con fuerza y yo sudaba, sentía náuseas o temblaba.

☐ Durante esos episodios me faltaba el aire, tenía escalofríos o sofocos y me sentía mareado(a), inestable o separado(a) de mi cuerpo.

☐ He estado preocupado(a) por lo que podían significar estos episodios y por la posibilidad de que volviesen a acontecer.

☐ He tratado de evitar todo aquello que podría desencadenar otro episodio de miedo intenso.

CATEGORÍA C

❑ Por lo general siento una ansiedad intensa en relación con utilizar el transporte público o estar en espacios abiertos (aparcamientos, por ejemplo).

❑ Normalmente experimento una ansiedad intensa cuando estoy en lugares cerrados (en un cine, por ejemplo), cuando me encuentro en medio de una multitud, cuando estoy esperando en fila o cuando salgo de casa solo(a).

❑ Me preocupa tenerlo difícil para escapar de estas situaciones si tuviese un ataque de pánico o si me sorprendiese alguna otra crisis.

❑ Cuando puedo, evito estas situaciones o intento que venga conmigo alguna persona en la que confío.

❑ En estas situaciones, es probable que el miedo que siento sea mayor que el peligro real.

❑ Hace al menos varios meses que les tengo miedo a estas situaciones.

CATEGORÍA D

❑ Siento mucha ansiedad en las situaciones en las que creo que me pueden juzgar o criticar. Son ejemplos de situaciones de este tipo hablar o comer en público y conocer gente nueva.

❑ Tengo miedo de ser humillado(a) públicamente o de que me rechacen.

❑ Evito las situaciones sociales siempre que puedo.

❑ Si no puedo evitar una situación social, me siento muy incómodo(a).

❑ Mis miedos sociales son excesivos, probablemente, en comparación con el peligro real.

❑ Hace al menos varios meses que los escenarios sociales me suscitan una ansiedad intensa.

CATEGORÍA E

❏ Me preocupo en exceso sobre muchos temas la mayoría de los días.

❏ Me cuesta dejar de preocuparme una vez que la preocupación se ha desencadenado.

❏ Cuando me preocupo mucho me siento tenso(a), irritable o inquieto(a), o me fatigo con facilidad.

❏ La preocupación hace que me resulte difícil concentrarme o altera mi sueño.

❏ Hace al menos seis meses que me preocupo mucho; tal vez he sido una persona preocupada durante la mayor parte de mi vida adulta.

¿Se agrupan tus síntomas en una categoría específica, tal vez en más de una? Las categorías son estas:

❏ **A:** Fobia específica
❏ **B:** Trastorno de pánico
❏ **C:** Agorafobia
❏ **D:** Trastorno de ansiedad social
❏ **E:** Trastorno de ansiedad generalizada

Este libro ofrece herramientas para estas cinco categorías. Tienes más sugerencias de herramientas destinadas a abordar el problema que te aqueja en el apartado «Recursos», al final de este volumen.

Puedes encontrar esta lista de verificación en línea, en inglés, para descargarla, en www.downloads.callistomediabooks.com/cbt/ («The Anxiety Checklist»).

Sobre la depresión

«Total, ¿para qué?», piensa Bill mientras su despertador vuelve a sonar. Se da cuenta de que no puede volver a pulsar el botón de repetición si quiere llegar a tiempo al trabajo. Pero lo único que desea es apagar la alarma, decirle a su jefe que de nuevo no se encuentra bien y quedarse en la cama todo el día. Con un profundo suspiro, gira las piernas, las coloca en el suelo y se sienta con la cabeza entre las manos, tratando de reunir energía para ponerse de pie. Bill siente como si estuviera caminando por un terreno lodoso mientras avanza hacia el baño. Antes disfrutaba de su ducha matutina; ahora todo lo que puede hacer es entrar y lavarse. Para el desayuno se las arregla para beber un pequeño vaso de zumo de naranja; mira las cajas de cereales que hay dentro del armario y cierra la puerta.

No se atreve a sentarse, pues sabe lo que le costaría volver a levantarse. Además, aún le duele la pierna cuando pasa de estar sentado a estar de pie. Tres meses atrás, Bill se rompió la tibia derecha cuando estaba practicando carrera de montaña. Durante años estuvo corriendo con sus amigos varias veces a la semana, disfrutando del aire libre y la camaradería. Ahora, durante el proceso de recuperación, solo puede montar en la bicicleta estática del gimnasio. Mientras conduce al trabajo, la pierna le duele cada vez que presiona el pedal del freno. Se maldice a sí mismo por haber sido «tan estúpido» como para haberse roto la pierna. Su mente vaga por otros momentos en los que siente que estuvo desacertado: cuando en el último segundo falló el tiro con el que su equipo habría empatado el partido decisivo del campeonato de baloncesto en la escuela secundaria, el informe de desempeño que había recibido en el trabajo el año anterior, que no era para tirar cohetes, incluso el momento en que se orinó en la cama en una fiesta de pijamas de séptimo grado.* Todo ello le parece patético. Suspira mientras aparca el coche y se dirige a afrontar otro día de trabajo duro.

---

* N. del T.: Equivalente a primero de ESO (alumnos de doce a trece años).

Bill se encuentra atrapado en un episodio de depresión. Comenzó con su lesión, que lo llevó a perderse muchas de las cosas que le encantan: culminar con éxito una complicada carrera de montaña, pasar tiempo con buenos amigos, estar al aire libre. Muchas de las situaciones que le hacían sentir bien desaparecieron de pronto. Al decaer su estado de ánimo, empezó a albergar creencias negativas sobre sí mismo, como que era alguien «patético» e «inútil».

LA DEPRESIÓN EN CIFRAS

- La depresión es la **principal causa de incapacidad**, según la Organización Mundial de la Salud.
- En el mundo hay unos **350 millones de personas** deprimidas.
- El **25 % de la población estadounidense**, ni más ni menos, tendrá una depresión mayor en algún momento de su vida.
- Como en el caso de los trastornos de ansiedad, las **mujeres** tienen un **70 % más de probabilidades** de padecer depresión que los hombres.
- Las **generaciones más jóvenes** tienen más probabilidades de sufrir depresión que las anteriores.

La TCC puede detener la caída en picado de Bill de varias maneras. Una de las más importantes consiste en encontrar formas de reemplazar las fuentes de alegría y de sensación de logro que no están a su disposición en estos momentos. Con la TCC, Bill también observará de cerca lo que se dice a sí mismo y verá si sus pensamientos tienen sentido. ¿Es verdaderamente patético? ¿Significa el hecho de romperse la pierna que es estúpido? Las pérdidas experimentadas por Bill afectarían a cualquiera, pero no implican que tenga que permanecer deprimido.

Tipos de depresión generales

La depresión adopta muchas formas. A veces ni siquiera nos damos cuenta de que estamos deprimidos. Esto ocurre si el problema depresivo es diferente de la idea que tenemos de él. El *DSM-5* divide la categoría de la depresión, que es amplia, en varios tipos específicos. Examinemos algunos de los subtipos.

TRASTORNO DEPRESIVO MAYOR

El tipo de depresión más habitual es el trastorno depresivo mayor. Normalmente estamos haciendo referencia a este trastorno cuando decimos que alguien está «clínicamente deprimido» o que tiene una «depresión mayor». Para recibir este diagnóstico, la persona tiene que sentirse abatida la mayor parte del día o perder interés por casi todas las actividades durante dos semanas por lo menos. Una persona dada puede estar deprimida pero no sentirse decaída. El episodio de depresión mayor promedio dura unos cuatro meses.

Durante las mismas dos semanas, un individuo deprimido manifestará otros síntomas, como dormir mucho más o mucho menos de lo habitual, tener mucha más o mucha menos hambre, sentirse agotado y tener dificultades para concentrarse o tomar decisiones.

También tendemos a sentirnos mal con nosotros mismos cuando estamos deprimidos: o demasiado culpables o completamente inútiles. La depresión es un factor de riesgo importante para el pensamiento de tipo suicida e incluso para las tentativas de suicidio. Alguien que padezca el trastorno depresivo mayor sentirá, probablemente, un tipo de dolor mental, y seguramente le costará realizar actividades normales.

Puesto que la depresión contiene nueve síntomas y se requiere que estén presentes cinco de ellos para el diagnóstico de depresión mayor, este trastorno puede manifestarse de maneras bastante diferentes en personas distintas.

TRASTORNO DEPRESIVO PERSISTENTE

El trastorno depresivo mayor tiende a tener un auge y un declive, incluso sin tratamiento. Al cabo de un año a partir de su aparición, alrededor del ochenta por ciento de las personas comienzan a recuperarse, según el *DSM-5*. Otras experimentan una modalidad más crónica de depresión, llamada *trastorno depresivo persistente*. En coherencia con lo que indica esta denominación, alguien debe sentirse deprimido la mayor parte del tiempo durante dos años por lo menos para recibir este diagnóstico. También debe manifestar otros dos síntomas de depresión como mínimo, por lo que esta afección puede ser más leve que el trastorno depresivo mayor, que requiere cinco síntomas. Como deja claro el *DSM-5*, esto no quiere decir que el trastorno depresivo persistente sea un tipo de depresión «leve». Sus efectos negativos pueden ser tan sustanciales como los de la depresión mayor.

TRASTORNO DISFÓRICO PREMENSTRUAL

En la última versión del *DSM* se incluyó un diagnóstico controvertido: el *trastorno disfórico premenstrual* (TDPM). Este tipo de depresión afecta a mujeres que se están encaminando a la primera parte del período menstrual o que se encuentran en la primera parte de dicho período. Contrariamente a lo que expresan algunas críticas que se han hecho a este diagnóstico, no es lo mismo que el síndrome premenstrual (SPM). Comparar el TDPM con el SPM es como comparar la depresión mayor con la «depresión» que sentimos cuando nuestro equipo favorito ha perdido.

Además de algunos de los síntomas de la depresión mayor, el TDPM también incluye otros como cambios de humor volátiles, irritabilidad, ansiedad, agobio y los síntomas físicos asociados con la fase premenstrual, como sensibilidad en los senos y sensación de hinchazón. Una mujer debe presentar estos síntomas en el curso de la mayoría de los ciclos menstruales para que se le diagnostique el TDPM. En cualquier año dado, entre el uno y el dos por ciento de las mujeres que tienen la regla experimentan el TDPM.

ESPECIFICADORES PARA LOS TRASTORNOS DEPRESIVOS

Para complicar más las cosas, cada tipo de depresión puede tener uno o varios *especificadores*, que son etiquetas que nos dicen más sobre la naturaleza de la depresión. Estos son algunos de ellos:

Episodio único frente a episodios recurrentes. Algunas personas solo sufren un episodio depresivo, mientras que otras se recuperan y experimentan más episodios posteriormente.

Leve/moderada/grave. La depresión puede ser entre manejable y completamente debilitante. Estas son las etiquetas:

- **Leve:** la persona apenas cumple con los criterios diagnósticos de la depresión y es capaz de desenvolverse a pesar del problema. Solo uno de cada diez casos de trastorno depresivo mayor son leves.
- **Moderada:** el trastorno depresivo mayor entra dentro de la categoría de moderado en dos de cada cinco casos. Por definición, la depresión moderada se sitúa entre la leve y la grave.

- **Grave:** están presentes la mayoría de los síntomas de la depresión. La persona se siente desgraciada y es incapaz de desenvolverse bien. Los casos graves constituyen el mayor porcentaje del trastorno depresivo mayor (este porcentaje es del cincuenta por ciento más o menos).

Angustia con ansiedad. Podría parecer que la ansiedad y la depresión son opuestas: la ansiedad es un estado de alta energía, mientras que la depresión es un estado de baja energía. Sin embargo, la depresión mayor se correlaciona significativamente con todos los tipos de diagnóstico de ansiedad, lo cual significa que es más probable que tengamos ansiedad si estamos deprimidos, y viceversa. El *DSM-5* incluye una categoría de depresión en la que esta va acompañada de «angustia con ansiedad», lo que significa que la persona presenta al menos dos síntomas de ansiedad o pavor; por ejemplo, se siente inusualmente inquieta, experimenta una preocupación que interfiere en su concentración o teme que algo terrible pueda suceder.

Rasgos melancólicos. Incluso estando deprimidos solemos sentirnos mejor, temporalmente, cuando ocurre algo bueno; por ejemplo, cuando terminamos un proyecto importante o cuando pasamos tiempo con seres queridos. Durante la depresión grave, puede ser que nada nos produzca ningún placer, ni siquiera nuestras actividades favoritas. Una persona que padezca este tipo de depresión puede presentar *rasgos melancólicos*, que también incluyen un humor peor por la mañana, despertarse dos horas antes de la hora de levantarse por lo menos y falta de apetito.

MANIFESTACIONES FÍSICAS DE LA DEPRESIÓN

La mejor forma de concebir la depresión es como una enfermedad del conjunto del cuerpo. Pueden estar presentes estas manifestaciones físicas:

- **Cambios en el apetito:** es habitual que las personas deprimidas pierdan el apetito, a menudo porque la comida no les sabe tan bien. Otras tienen más apetito y puede ser que ganen peso.
- **Dificultades para dormir:** el sueño puede cambiar en cualquier sentido. Algunas personas deprimidas tienen un insomnio horrible a pesar de estar agotadas, mientras que otras duermen doce horas al día y aún querrían dormir más.
- **Agitación física:** cuando una persona está deprimida, es posible que le cueste quedarse quieta y se mueva constantemente, impulsada por una sensación interna de inquietud.
- **Ralentización:** algunas personas deprimidas se mueven o hablan despacio, hasta el punto de que los demás pueden advertirlo.
- **Curación más lenta:** múltiples estudios han mostrado que sanamos más despacio cuando estamos deprimidos. Por ejemplo, las heridas crónicas se curan con mayor lentitud en este caso, y los pacientes deprimidos tardan más en recuperarse de una intervención de baipás coronario.
- **Mayor riesgo de morir de resultas de una enfermedad física:** por ejemplo, los pacientes que padecen una enfermedad coronaria tienen el doble de probabilidades de morir.

Está claro que la depresión no solo está en la cabeza de la persona.

Rasgos atípicos. En contraste con los rasgos melancólicos, los rasgos atípicos incluyen tener una respuesta positiva cuando suceden cosas buenas. Además, la persona tiene más apetito (puede ganar peso) y demasiado sueño, entre otros síntomas.

Inicio en el periparto. Sin duda has oído que hay mujeres que experimentan la denominada *depresión posparto* tras haber dado a luz. El *DSM-5* afirma que la mitad de las veces, más o menos, este tipo de depresión comienza antes de que nazca el bebé. Por lo tanto, la depresión que acontece en este período se denomina *periparto*, el prefijo *peri-* significa 'alrededor de'. A menudo, la depresión con inicio en el periparto incluye un grado de ansiedad muy importante. Entre el tres y el seis por ciento de las mujeres sufren este tipo de depresión.

Patrón estacional. A veces, la depresión varía con las estaciones. Lo habitual es que el estado de ánimo empeore en otoño e invierno, al acortarse los días, y que mejore en primavera. Este patrón se da sobre todo en las personas más jóvenes y en las latitudes más altas (más en Boston que en Carolina del Norte, por ejemplo).

Si crees que puedes estar deprimido o deprimida, haz el siguiente test para ver qué síntomas de depresión estás experimentando.

EL TEST DE LA DEPRESIÓN

¿Con qué frecuencia te ha afectado alguno de los problemas siguientes en las dos últimas semanas? Pon un círculo alrededor del número que corresponda a tu respuesta en cada caso.

	En absoluto	Varios días	Más de la mitad de los días	Casi cada día
1. Tengo poco interés por hacer cosas o siento poco placer al hacerlas.	0	1	2	3
2. Me siento abatido(a), deprimido(a) o desesperanzado(a).	0	1	2	3
3. Tengo problemas para dormirme o para permanecer dormido(a) o duermo demasiado.	0	1	2	3
4. Estoy cansado(a) o tengo poca energía.	0	1	2	3
5. Tengo poco apetito o como demasiado.	0	1	2	3
6. Me pasa alguna de estas tres cosas: me siento mal conmigo mismo(a), siento que soy un fracasado(a), siento que me he decepcionado a mí mismo(a) o que he decepcionado a mi familia.	0	1	2	3
7. Me cuesta concentrarme en ciertas actividades, como leer el periódico o ver la televisión.	0	1	2	3
8. Me muevo o hablo tan despacio que los demás pueden haberlo notado; o lo contrario: estoy tan inquieto(a) que me he estado moviendo mucho más de lo habitual.	0	1	2	3

Suma los números que has marcado en cada columna y escribe los totales aquí:

——— + ——— + ——— + ———

Puntuación total: _____

Tu puntuación total proporciona una estimación del grado de depresión que estás experimentando:

0-4   Mínima

5-9   Leve

10-14   Moderada

15-19   De moderada a grave

20-27   Grave

La depresión puede hacer que nos resulte difícil concentrarnos en tareas simples, no digamos ya en un manual de trabajo. Si tu depresión es más que leve o moderada, busca los servicios de un profesional además de utilizar este libro.

Puedes encontrar este test en línea, en inglés, para descargarlo, en ww.downloads.callistomediabooks.com/cbt/ («The Depression Scale»).

En este capítulo hemos visto las múltiples maneras en que puede presentarse la ansiedad: como miedos específicos en las fobias, como terror en el trastorno de pánico, como evitación en la agorafobia, como miedo a la humillación en el trastorno de ansiedad social y como preocupaciones incesantes en el trastorno de ansiedad generalizada. También hemos visto los distintos tipos de depresión, incluida la más extendida, el trastorno depresivo mayor.

La buena noticia es que, independientemente de cómo se presenten la ansiedad y la depresión, un conjunto de técnicas de la TCC pueden ayudar a controlarlas. El primer paso en la gestión de la ansiedad y la depresión es tener unos objetivos claros; este será el tema del próximo capítulo.

Por ahora, tómate un tiempo para escribir cualquier reacción que te haya suscitado este capítulo. ¿Con qué tipos de ansiedad o depresión podrías identificarte? Anota también cualquier otro pensamiento o emoción que tengas en estos momentos. En el capítulo siguiente, correspondiente a la primera semana del programa, identificarás tus objetivos en relación con este.

SEGUNDA PARTE

SIETE SEMANAS

El resto de este libro está organizado en un plan de siete semanas que se construye sobre sí mismo semana tras semana. Para empezar, trabajaremos para establecer un plan de tratamiento sólido; después nos centraremos en aplicar los recursos que ofrece la TCC.
Cuando empezamos un programa nuevo, a veces podemos tener la tentación de saltarnos algunas partes, sobre todo cuando pensamos que ya
sabemos qué va a funcionar y qué no va a funcionar para nosotros. No
caigas en esta tentación. Te animo a que sigas el programa íntegramen-
te, lo cual incluye hacer todos los ejercicios que impliquen escribir. In-
teractuar con el material que sigue de múltiples maneras (leer, pensar,
escribir) te dará más oportunidades de desarrollar y seguir el plan más
beneficioso para ti. Además, así no tendrás que preguntarte si podrías
haberle sacado más partido al llegar al final; sabrás que lo hiciste todo.

Establecer los objetivos y comenzar

En el capítulo anterior vimos los tipos de ansiedad y depresión más extendidos. Si bien resulta útil contar con un sistema para diagnosticar estos problemas y conocer los síntomas, no hay dos experiencias de depresión o ansiedad que sean iguales. Incluso quienes presentan los mismos síntomas los experimentan de maneras diferentes a partir de su historia, su personalidad y su situación vital, que son únicas.

Por esta razón, no podemos limitarnos a sacar la TCC de la estantería y decir: «Aquí está; haz *esto*». Tenemos que comprender tu situación específica y cómo encajan la ansiedad y la depresión en el contexto de *tu vida*. Una vez que tengamos claras las dificultades, podremos establecer los cambios que debes realizar, es decir, *tus objetivos*. Todo este capítulo está centrado en determinar dichos objetivos.

«Ya está aquí», se dice Phil, reconociendo un conjunto de sensaciones que le resultan familiares, pues ya las ha experimentado en otros otoños: inquietud, falta de energía, retraimiento. Ya ha comenzado a saltarse sus sesiones de ejercicio matutinas una o dos veces por semana, y los correos electrónicos de sus amigos aguardan a ser respondidos en la bandeja de entrada.

Su mujer, Michelle, ha dicho algo esta mañana mientras estaban desayunando: «Quizá deberías ver a alguien». Sabe qué significan estas palabras: que debería ver a un terapeuta. En el pasado ha sido reacio a buscar ayuda profesional.

Al día siguiente, Phil habla con un buen amigo que está casado con una psicóloga. Este amigo le recomienda a alguien que fue compañero de clase de su esposa en la escuela de posgrado, especializado en la terapia cognitivo-conductual. Phil llama al psicólogo y conciertan una cita.

Durante la primera sesión, el doctor Whitman habla con él sobre lo que lo ha traído a la consulta. Phil le habla del ánimo bajo y la ansiedad que experimenta durante una determinada época del año. Hablan de su vida: sus relaciones familiares, su trabajo y sus amigos, entre otras cosas. Cuando el doctor Whitman le pregunta cuáles son sus objetivos, Phil responde que quiere sentirse mejor ese otoño y ese invierno.

El doctor Whitman trabaja con Phil para concretar lo que debe incluir ese «sentirse mejor». ¿En qué sería diferente su vida? ¿Hay cosas que haría en mayor medida? Phil piensa en ello y se le ocurren algunos objetivos específicos en los que enfocarse.

El doctor Whitman le explica, brevemente, en qué consistirá el tratamiento y de qué manera lo ayudará a avanzar hacia la consecución de sus objetivos. Subraya que ya ha hecho gran parte del trabajo al buscar ayuda y al definir con precisión qué quiere cambiar. Phil sale de la sesión con hojas para rellenar e instrucciones para monitorizar sus actividades diarias.

Esa noche, durante la cena, Phil le habla de la sesión a Michelle y le dice que confía en que el trabajo le resultará útil. Como parte de la tarea que debe realizar, él y Michelle revisan juntos los objetivos, y Phil recaba la opinión de ella en cuanto a algunos detalles específicos en los que quiere trabajar.

¿Qué te ha traído aquí?

En mi primer encuentro con los clientes, empiezo por preguntarles qué les ha motivado a buscar terapia. Te animo a que tú también respondas esta pregunta. ¿Qué te impulsó a elegir este libro? ¿Cuánto hace que estás lidiando con estos problemas? ¿Con qué frecuencia se presentan? ¿Por qué ahora? Es decir, ¿qué te ha hecho decidir que ha llegado la hora de emprender la acción? Tus respuestas pueden ser breves en este momento; entraremos en detalles más adelante, en este mismo capítulo.

_____

_____

_____

_____

_____

_____

_____

_____

Tus cualidades

Sea lo que sea aquello con lo que estamos luchando, somos más que nuestras dificultades. También tenemos unas cualidades positivas gracias a las cuales hemos seguido adelante y que pueden permitirnos superar los nuevos retos. Dedica un momento a pensar en tus cualidades. ¿Qué se te da bien? ¿Qué valoran de ti las personas que te conocen mejor? Escribe la respuesta en el espacio que sigue. Si te quedas en blanco, puedes preguntarle cuáles son tus puntos fuertes a alguien a quien le importes.

_____

_____

_____

_____

_____

_____

_____

_____

Hacer balance

Quiero que pienses en cómo te está yendo la vida, teniendo también en cuenta las maneras en que la pueden estar afectando la ansiedad y la depresión. He elegido seis áreas que siempre evalúo como psicoterapeuta; las abordaremos sucesivamente. Tómate tu tiempo. El trabajo que estás haciendo esta semana es igual de importante que todas las otras cosas que harás en el contexto de este programa.

RELACIONES

Las relaciones tienen un gran efecto en nuestro bienestar, para bien o para mal. Un matrimonio infeliz, por ejemplo, permite predecir una escasa satisfacción vital e incluso está asociado con las actitudes suicidas. Por otra parte, en los momentos más duros de nuestra vida, incluso el apoyo de una sola persona puede marcar la diferencia entre sucumbir y salir adelante con fuerza. Vamos a ver por separado las relaciones familiares y las relaciones con los amigos.

Familia. *La relación entre Phil y su esposa es sólida, aunque se da cuenta de que cuando está deprimido no está tan presente y la critica a* *las primeras de cambio. Tampoco tiene energía para hacer actividades agradables con ella, como salir a cenar, salir el fin de semana e incluso tener relaciones íntimas. Se da cuenta de que le ha faltado algo de chispa a la relación.*

Piensa en cómo están yendo las cosas en tus relaciones familiares, tanto en el ámbito de tu familia de origen (padres, hermanos) como, si es aplicable, en el ámbito de la familia que has creado como adulto (pareja, hijos, suegros, etc.).

Reflexiona sobre estas cuestiones: ¿qué marcha bien en tus relaciones? ¿Qué dificultades hay? ¿Está presente algún factor estresante importante que esté afectando a tu familia? ¿Hay algún familiar que lo esté pasando mal y que pueda estar afectando al conjunto de la dinámica familiar?

¿Hay familiares a los que eches de menos, que hayan salido de tu vida por haber muerto o por otros motivos? Por más que quieras a tus familiares, ¿ansías pasar más tiempo a solas?

También puedes plantearte cómo afectan a tu ansiedad o tu depresión tus relaciones familiares. ¿Y qué efectos ha tenido en tu familia tu ansiedad o tu depresión? Apunta tus pensamientos a continuación:

_____

_____

_____

_____

_____

_____

_____

_____

_____

_____

_____

_____

_____

_____

_____

_____

_____

_____

_____

Amigos. *En general, Phil está contento con sus amistades. Pero muchos de sus mejores amigos tienen hijos ahora y están menos disponibles. Echa de menos cómo eran las cosas antes. Al llegar el otoño, pasa menos tiempo con sus amigos. Cada primavera se le ocurren excusas para explicar por qué no ha mantenido el contacto. Sus amigos lo invitan menos a salir, porque esperan que rechace estas propuestas.*

Existen variaciones entre las personas en cuanto a la cantidad de amigos que necesitan. Algunos estamos satisfechos con uno o dos amigos íntimos, mientras que otros necesitamos contar con una gran red social.

¿Tienes un grupo de amigos sólido? ¿Pasas con ellos tanto tiempo como querrías? Por ejemplo, ¿se han mudado a otro lugar tus amigos o ha cambiado por otros motivos tu relación con ellos? ¿Han tenido un impacto en tus amistades tu ansiedad y tu depresión? Anota tus pensamientos a continuación:

_____

_____

_____

_____

_____

_____

_____

_____

LAS NECESIDADES HUMANAS BÁSICAS

Una manera de pensar en nuestros objetivos consiste en preguntarnos en qué medida estamos viendo satisfechas nuestras necesidades psicológicas. Innumerables estudios han mostrado que los seres humanos necesitamos tres cosas:

- **Autonomía:** la capacidad de decidir por nosotros mismos qué hacer, sin estar demasiado controlados por los demás.
- **Relaciones:** conexiones significativas y satisfactorias con otras personas.
- **Competencia:** sentir que somos buenos en lo que hacemos y capaces de poner en práctica nuestros talentos.

Cuanto mejor veamos satisfechas estas necesidades, más contentos estaremos en la vida. Por ejemplo, una satisfacción elevada de las propias necesidades psicológicas está ligada a una vergüenza, una depresión y una soledad menores. Es importante tener en cuenta que alcanzar los propios objetivos significa más para

nosotros cuando estos objetivos están alineados con nuestras necesidades psicológicas básicas.
Reflexiona sobre la medida en que tienes satisfechas estas necesidades en tu vida al formular tus objetivos.

FORMACIÓN O PROFESIÓN

El trabajo de Phil consiste en realizar labores de apoyo para una empresa financiera. No afronta retos terribles y el sueldo es bueno. Para él el trabajo es, más que nada, un «mal necesario». Algunos de sus colegas le gustan, pero en general el trabajo es, para él, algo entre neutro y negativo. Como se ha sentido deprimido, sabe que no ha sido tan efectivo en sus funciones. Tarda más en responder a las llamadas y los correos electrónicos y avisa de que está enfermo más a menudo.

¿Cómo te van las cosas en el ámbito laboral, ya sea que trabajes fuera de casa o que tu principal trabajo consista en cuidar de los hijos? Por supuesto, la depresión y la ansiedad afectan a nuestra relación con el trabajo, por lo cual vale la pena que reflexiones sobre tu empleo cuando te sientas bien. ¿Te gusta tu trabajo? ¿Lo encuentras significativo? ¿Estás a gusto con tus compañeros? ¿Estás sobrepasado, con la sensación constante de que no tienes tiempo suficiente para hacer todo bien? ¿Tienes dificultades con las exigencias del trabajo y del hogar? ¿O estás aburrido en el trabajo? ¿Sientes que tienes habilidades que no utilizas? O, quizá lo peor de todo, ¿estás aburrido *y también* sobrecargado?

Anota tus pensamientos a continuación. Incluye todos los efectos que tienen en tu vida profesional la depresión y la ansiedad. Por ejemplo, podría costarte más concentrarte y tomar decisiones, o tal vez evites situaciones laborales que te produzcan ansiedad (como hablar en público). Incluso podrías elegir una determinada profesión con el fin de experimentar la mínima ansiedad posible en el trabajo. Incluye también cualquier preocupación de tipo económico importante:

_____

_____

_____

_____

_____

_____

_____

FE/SENTIDO/EXPANSIÓN

Cuando era más joven, Phil sentía que la vida tenía un propósito. Esperaba hacer cosas importantes en el ámbito laboral y contribuir de manera significativa al bienestar de los demás. Aunque nunca fue, formalmente, una persona religiosa, se veía a sí mismo como parte de una red de humanidad en la que todos los elementos estaban interconectados.

Últimamente, sin embargo, Phil se ha sentido menos conectado al género humano y echa en falta el sentimiento de solidaridad con los demás. Cuando su ansiedad y su depresión empeoran, se siente separado de las otras personas y le cuesta conectar con lo que sea que esté fuera de sí mismo.

¿Cuál es tu razón de ser? Por regla general, le encontramos un propósito y un sentido a la vida cuando conectamos con algo más grande que nosotros mismos. Muchos de nosotros conseguimos esta conexión como miembros de una comunidad religiosa. Tal vez nos inspiren los textos sagrados y la creencia en un ser divino que nos cuida y comulga con nosotros.

Otros hallamos una sensación de expansión (de nuestra conciencia y nuestras conexiones) a través del mundo natural o del sentimiento de compartir la condición de humanos con los demás. Podemos encontrar nuestro lugar en un vasto universo gracias a nuestra identidad como padres, es decir, como parte de una cadena continua de existencia y respiración que fluye hasta la generación siguiente.

A veces puede costarnos encontrar un sentimiento de identidad y de propósito. Tal vez hemos dejado la religión que abrazábamos cuando éramos más jóvenes o hemos tenido un gran desengaño que nos ha hecho cuestionar mucho de lo que considerábamos sagrado.

Tómate un tiempo para reflexionar sobre tu fuente más profunda de sentido y propósito. ¿Qué te conmueve? ¿Qué te apasiona? ¿Experimentas la suficiente belleza en tu vida? ¿Te sientes claramente conectado con lo que es más importante para ti?

_____

_____

_____

_____

_____

_____

_____

_____

La magia no interviene en el cambio; se trata de trabajar duro. Si los clientes no actúan en su propio interés, no ocurre nada.

Prof. Gerard Egan,
The Skilled Helper [El ayudador hábil]

SALUD FÍSICA

El doctor Whitman le hace varias preguntas a Phil sobre su estado de salud en general, sus hábitos alimentarios, la cantidad de actividad física que realiza y qué sustancias (alcohol, por ejemplo) introduce en su cuerpo con regularidad. Phil establece asociaciones entre el estado de su cuerpo y el estado de su mente. Cuando hace ejercicio con constancia, se siente fuerte mentalmente y más optimista. Cuando bebe demasiado o no duerme lo suficiente, su ánimo se resiente. También se da cuenta de que el hecho de sentir ansiedad y estar deprimido puede impulsarlo a tener comportamientos que le hacen sentir peor.

Hoy en día se reconoce como nunca antes que la mente y el cuerpo son interdependientes: la mente afecta a la «máquina» y viceversa. Tómate un tiempo para pensar en tu salud física.

Salud general. ¿Tienes algún problema de salud crónico, como hipertensión o diabetes? ¿Te preocupa tu salud física? ¿Cómo es tu relación con tu cuerpo?

_____

_____

_____

_____

_____

_____

_____

_____

_____

_____

Actividad física. ¿Realizas con regularidad una actividad física que disfrutas o sientes que el ejercicio es un quehacer desagradable? ¿Hay algún tipo de movimiento que te guste, como bailar o caminar con los amigos, con el que no tengas la sensación de estar haciendo «ejercicio»?

_____

_____

_____

_____

_____

_____

_____

_____

_____

_____

_____

Drogas y alcohol. ¿Qué papel tienen en tu vida el alcohol u otras sustancias que alteran el estado de ánimo? ¿Has tenido algún problema con el consumo de drogas o alcohol? ¿Alguien te ha hecho pasar un mal rato a causa de ello o te ha dicho que reduzcas el consumo?

_____

_____

_____

_____

_____

_____

_____

_____

_____

_____

Comida. Piensa en los temas que has relacionado con la comida. ¿Comes rutinariamente por aburrimiento o para cambiar tu estado de ánimo? ¿Ocurre que a veces te cuesta comer lo suficiente, ya sea porque no estás interesado en la comida o porque temes engordar?

_____

_____

_____

_____

_____

_____

_____

_____

Sueño. Los problemas relacionados con el sueño hacen que todo sea más difícil. ¿Cómo estás durmiendo? ¿Demasiado? ¿Demasiado poco? ¿Tienes problemas para dormirte o para permanecer dormido? ¿Te ocurre a menudo que te despiertas mucho antes de que suene la alarma y no puedes volver a dormirte? Piensa en cualquier factor que pueda estar afectando a tu sueño: niños, mascotas, vecinos, un compañero que ronca, una jornada laboral exigente, etc.

_____

_____

_____

_____

_____

_____

_____

_____

_____

_____

_____

ENTRETENIMIENTO Y RELAJACIÓN

Cuando se siente bien, a Phil le gusta hacer muchas cosas en su tiempo libre: leer, acudir a eventos deportivos, practicar bicicleta de montaña, jugar con su perro... Renunció a muchas actividades en los últimos inviernos; en cambio, dedicó mucho tiempo a leer listículos* o a ver vídeos en YouTube, sin que esos contenidos tan siquiera le importasen.

Phil habla con el doctor Whitman sobre lo que más echa de menos. Se siente bloqueado: por un lado, le gustaría retomar sus actividades favoritas; por el otro, le cuesta encontrar la energía y la motivación para hacerlo.

Todos necesitamos momentos en los que podamos relajarnos y descansar. Pero hay muchos factores que pueden hacer que no seamos capaces de divertirnos y recargarnos: un trabajo exigente, un segundo empleo para llegar a fin de mes, problemas de salud o la tarea de ser padres, por no mencionar la ansiedad y la depresión.

¿Qué te gusta hacer en tu tiempo libre? ¿Estás constantemente «activado» o hay momentos en los que puedes relajarte? ¿Hay algo que te gustaría hacer más? Piensa en la última vez que te sentiste relajado: ¿qué estabas haciendo? ¿Lo pasas bien con ciertos

---

* N. del T.: *Listicles* (en inglés). Es la unión de las dos palabras: 'lista' y 'artículo' y se utiliza para designar un tipo específico de noticias periodísticas en las que se utilizan la enumeración de eventos, cosas, personas, cantidades o situaciones para ordenar de manera visual la información que el periodista quiere exponer, habitualmente con textos cortos y muy claros para una comprensión inmediata.

pasatiempos y aficiones? ¿O te parecen una especie de segundo trabajo en lugar de constituir un tiempo de inactividad reparador? ¿Crees que, como Phil, desperdicias tu tiempo libre en actividades que no te brindan verdadero placer?

¿Han afectado la ansiedad y la depresión al tiempo que dedicas a tus aficiones y pasatiempos y tu capacidad de disfrutarlos?

_____

_____

_____

_____

_____

_____

_____

_____

RESPONSABILIDADES DOMÉSTICAS

«Lo haré», le dice Phil a Michelle. Hace semanas que le dice que pondrá orden en el garaje. Está tan desordenado que últimamente han tenido que aparcar el coche fuera. Phil se siente mal al respecto, pero no tiene la energía ni la motivación para empezar.

Todos tenemos responsabilidades en el hogar, como pueden ser limpiar, comprar y preparar alimentos, pagar las facturas, cortar el césped y sacar la basura. ¿Eres capaz de ocuparte de tus responsabilidades diarias? ¿Hay algún problema entre tú y tu pareja o entre tú y tu compañero (o tus compañeros) de habitación en cuanto a la forma en que os repartís las tareas? Anota cualquier problema relevante a continuación:

_____

Si hay cuestiones importantes que considerar que no encajen en ninguna de las categorías anteriores, escríbelas aquí:

_____

Repaso

Ahora, dedica un tiempo a leer con atención lo que has escrito en cada categoría. ¿Cómo te sientes al leer cada apartado? ¿Alegre? ¿Abrumado? ¿Ansioso? ¿Agradecido? Subraya lo más importante de cada área; regresaremos a ello más adelante.

¿Cuáles son tus objetivos?

Ahora estás en una buena posición para comenzar a definir tus objetivos específicos. ¿Cómo quieres que haya cambiado tu vida al final de las siete semanas? Por ejemplo, Phil hizo esta lista:

1. *Sentir menos ansiedad y estar menos deprimido.*
2. *No faltar al trabajo.*
3. *Hacer ejercicio con regularidad.*
4. *Pasar más tiempo con los amigos.*
5. *Tener la energía y el interés necesarios para ser el marido que quiero ser.*

Sírvete de lo que has subrayado antes para orientarte en la formulación de tus objetivos. Además de determinar cómo quieres sentirte, piensa en otros cambios que desees ver en tu vida, como determinadas actividades que quieras realizar.

Recuerda que estos objetivos tienen que ser *tuyos*; no tienen que responder a lo que crees que otra persona quiere para ti. Tienen que ser cosas que valores. No hay una cantidad de objetivos «correcta», pero entre tres y seis es una cantidad que suele funcionar bien. Escribe tus objetivos en el apartado «Notas» del final del libro o en una hoja de papel aparte.

Registra en qué empleas tu tiempo

Para prepararnos para la próxima semana, deberás registrar concienzudamente cómo ocupas tu tiempo estos días. Al final del capítulo encontrarás la hoja en la que hacerlo. En la página que sigue tienes la hoja rellenada, a modo de ejemplo. Cada fila corresponde a una hora. En la columna «Actividad», anota lo que has hecho durante ese tiempo. Sé breve y no te compliques. Evidentemente, nuestros días no están claramente divididos en franjas de una hora, así que haz lo que puedas.

También anotarás el grado en que has disfrutado la actividad y lo importante que ha sido para ti. Recuerda que solo tú debes decidir estas dos puntuaciones; nadie más puede decidir qué disfrutas y qué encuentras importante tú.

Finalmente, puntuarás el estado de ánimo general que has tenido cada día en una escala del 0 al 10, siendo el 0 «muy malo» y el 10 «muy bueno».

Organízate para rellenar la hoja el mismo día que realices las actividades, ya sea al final de la jornada o en el transcurso de esta. Si esperas hasta el día siguiente o incluso más adelante, olvidarás información importante.

ACTIVIDADES DIARIAS

Fecha: _Sáb., 21/05/2016_

HORA	ACTIVIDAD	DISFRUTE (0–10)	IMPORTANCIA (0–10)
8:00 – 9:00 a. m.	Duermo	-	8
9:00 – 10:00 a. m.	En la cama despierto	2	0
10:00 – 11:00 a. m.	En la cama despierto	2	0
11:00 a. m. – mediodía	Desayuno con Michelle	5	7
mediodía – 1:00 p. m.	Leo listículos	2	0
1:00 – 2:00 p. m.	Veo golf	4	3
2:00 – 3:00 p. m.	Veo golf	4	3

ACTIVIDADES DIARIAS

Fecha: _____

HORA	ACTIVIDAD	DISFRUTE (0–10)	IMPORTANCIA (0–10)
5:00 – 6:00 a. m.			
6:00 – 7:00 a. m.			
7:00 – 8:00 a. m.			
8:00 – 9:00 a. m.			
9:00 – 10:00 a. m.			
10:00 – 11:00 a. m.			
11:00 a. m. – mediodía			
mediodía – 1:00 p. m.			
1:00 – 2:00 p. m.			
2:00 – 3:00 p. m.			
3:00 – 4:00 p. m.			
4:00 – 5:00 p. m.			
5:00 – 6:00 p. m.			
6:00 – 7:00 p. m.			
7:00 – 8:00 p. m.			
8:00 – 9:00 p. m.			
9:00 – 10:00 p. m.			
10:00 – 11:00 p. m.			
11:00 p. m. – medianoche			
medianoche – 1:00 a. m.			

HORA	ACTIVIDAD	DISFRUTE (0–10)	IMPORTANCIA (0–10)
1:00 – 2:00 a. m.			
2:00 – 3:00 a. m.			
3:00 – 4:00 a. m.			
4:00 – 5:00 a. m.			

La puntuación de mi estado de ánimo hoy (0–10): _____

Puedes encontrar esta hoja en línea, en inglés, para descargarla, en www.downloads.callistomediabooks.com/cbt/ («Daily Activities»).

CONSIDERACIONES FINALES

El trabajo que has realizado esta semana ha arrojado luz sobre la manera en que están afectando a tu vida la ansiedad y la depresión y ha determinado qué cambios quieres materializar. A lo largo del resto del programa establecerás pequeños objetivos para que te ayuden a avanzar hacia tus objetivos generales.

Esta semana, repasa tu lista de objetivos varias veces para ver si quieres añadir algo. Tómate un momento para poner recordatorios en tu calendario o pon una copia de los objetivos en algún lugar en el que vayas a verlos cada día. Es fácil dejar que pase una semana sin regresar a este trabajo.

Acuérdate de rellenar la hoja «Actividades diarias» **cuatro días** a lo largo de la semana. Puedes hacer fotocopias de la hoja o descargártela en línea en www.downloads.callistomediabooks. com/cbt/ («Daily Activities»).

También puedes organizarte ahora para afrontar la segunda semana, en la que empezaremos a trabajar en pos de tus objetivos y para que recuperes tu vida.

Dedica unos minutos a anotar tus pensamientos, tus emociones y lo que sea que te preocupe en el espacio que sigue.

_____

_____

_____

_____

_____

_____

_____

_____

_____

_____

_____

_____

_____

_____

_____

PLAN DE ACTIVIDADES

1. Repasa tu lista de objetivos varias veces.
2. Organízate para afrontar la segunda semana.
3. Rellena la hoja «Actividades diarias» cuatro días.

Regresar a la vida

La semana anterior hiciste el trabajo crucial de determinar qué cambios quieres efectuar. A lo largo de la semana, tus tareas fueron repasar tus objetivos en cuanto al tratamiento y registrar a qué dedicas el tiempo. Ha llegado el momento de que empieces a ejecutar el plan.

«Tal vez todo lo que debería hacer es tomar un poco de helado», piensa Kat mientras se ata las zapatillas de correr. Estos días, su motivación está bajo mínimos, y el calor del verano hace que salir a correr resulte aún menos atractivo.

En enero, Kat dejó una relación a la que debió haber puesto fin mucho antes. Sabe que tomó la decisión correcta, pero esto no alivia en absoluto su sensación de soledad. Siempre había pensado que se casaría y que tendría una familia a mediados de la treintena. Ahora le preocupan la posibilidad de no encontrar nunca la persona correcta y la idea de que pronto será demasiado mayor para formar una familia.

Conoció a Cal en el último año del programa de posgrado que cursó y lo siguió después de graduarse, tres años atrás. Él recibió una buena oferta de trabajo en Boston, no lejos de donde creció. Ella era de Seattle y estuvo feliz de mudarse con él y ver una nueva parte del país. Los amigos de Cal ahora eran sus amigos, y a Kat le encantó contar con una red social establecida, pues nunca le había resultado fácil conocer gente nueva.

La ruptura fue amistosa, y todos los amigos que tenían en común dijeron que se alegraban de «no tener que tomar partido», ya que afirmaban ser amigos de los dos. Sin embargo, meses después, Kat rara vez había tenido noticias de ninguno de ellos y a menudo veía publicaciones, en las redes sociales, de actividades divertidas en las que participaba Cal con los «amigos de ambos». A partir de ahí, tuvo cada vez menos ganas de contactar con ellos. «Probablemente estén contentos de no tener que salir más conmigo», se dijo.

Kat se da cuenta de que no tiene ganas de hacer gran cosa. Todavía va a trabajar. El trabajo está bien, pero no es exactamente el empleo de sus sueños. También se obliga a correr una vez a la semana. Lo único que anhela es comer helado y sentarse frente al televisor; al menos entonces puede desconectar de la vaga inquietud que siente la mayor parte del tiempo. Lleva semanas diciendo que está «pasando un bache» y hoy por primera vez reconoce, para sus adentros, que está deprimida.

En la situación de Kat podemos ver muchos de los elementos de la ansiedad y la depresión: tiene el ánimo bajo la mayor parte del tiempo, está preocupada por su futuro y está comenzando a tener pensamientos más negativos sobre sí misma. Sus actividades le aportan muy poca alegría o satisfacción y está poco motivada para hacer cosas que le gustan.

Muchas personas que acuden a mí en busca de tratamiento me describen situaciones vitales parecidas a las de Kat. De hecho, sus circunstancias se parecen mucho a las que dispondríamos para alguien *si quisiésemos deprimir a esa persona*: un estrés alto, pocas compensaciones y una implicación mínima. Cuando gastamos la poca energía que tenemos en actividades que no nos resultan gratificantes, no dejamos de agotarnos mental, emocional y espiritualmente.

En este programa, como en muchos otros del ámbito de la TCC, comenzaremos por hacer más aquello que encontramos satisfactorio. Esta terapia aborda tanto los pensamientos como los comportamientos. Podríamos empezar con cualquiera de los dos, pero lo más habitual es que la TCC comience abordando la conducta.

¿Por qué empezar por la conducta?

En primer lugar, la conducta tiende a ser la manera más directa de comenzar. Hacer más aquello que nos gusta no es complicado. No quiero decir que sea *fácil*, pero es relativamente simple, y por lo general es mejor empezar por lo más simple.

¿POR QUÉ ESTOY DEPRIMIDO?

No siempre sabemos qué causó nuestra depresión. Afortunadamente, no tenemos que averiguarlo para empezar a sentirnos mejor. De hecho, estudios realizados por Susan Nolen-Hoeksema (actualmente fallecida) y sus colaboradores hallaron que si pasamos demasiado tiempo tratando de descubrir la causa última de nuestra depresión podemos sentirnos peor, pues nuestra mente va dando vueltas al asunto improductivamente. La forma más rápida de sentirnos mejor y mantenernos mejor es *hacer aquello que nos hace sentir bien.*

En segundo lugar, las investigaciones han mostrado que el hecho de estar más activo reporta grandes beneficios. En otras palabras: invertir en un pequeño cambio de comportamiento puede ser muy útil. Hacer el tipo correcto de actividades tiende a tener un efecto antidepresivo.

Finalmente, cambiar la conducta puede desencadenar cambios en el pensamiento. Por ejemplo, podríamos creer, como Kat, que nadie quiere pasar tiempo con nosotros. Una manera rápida de poner a prueba esta creencia consiste en proponerles un encuentro a nuestros amigos. Si dicen que sí (es lo más probable), tendremos una prueba de que les gustamos lo suficiente como para querer pasar tiempo con nosotros.

El tipo de tratamiento en el que nos centraremos en este capítulo se llama *activación conductual*. Normalmente se propone como tratamiento para la depresión, pero también puede reducir la ansiedad.

¿Qué hacer?

Hay muchas circunstancias que pueden conducir a la depresión, desde pérdidas (de empleos, de relaciones) hasta factores de estrés importantes. Sea cual sea la causa, una vez que nos sentimos abatidos tendemos a distanciarnos aún más de aquello que nos hace sentir bien. En consecuencia, no reponemos nuestros recursos mentales, emocionales y físicos. Nuestra «cuenta bancaria» está en números rojos, por decirlo de algún modo.

Cuando hacemos el tipo de actividades correctas, nos sentimos mejor. Pero ¿qué hace que una actividad sea «correcta»? La respuesta corta es que tiene que resultarnos gratificante; tiene que darnos algo que valoremos. Si te dijese «haz *esto* y dejarás de estar deprimido», te podría estar diciendo que hicieses algo que no te importa. Cuando estamos deprimidos y sentimos ansiedad, ya nos cuesta mucho hacer lo que nos gusta como para plantearnos realizar actividades que no nos importan o que aborrecemos.

Los creadores de la activación conductual determinaron que las actividades planificadas deben tener su origen en los propios valores. Así se expone en el manual de tratamiento de Carl Lejuez y otros coautores. En este contexto, la palabra *valores* no tiene una connotación moral o ética, por más que los valores de la persona puedan incluir aspectos morales o éticos. Hay que entender por *valores* todo aquello que nos gusta o nos encanta hacer, o que nos produce satisfacción.

¿QUÉ ES LO PRIMERO? ¿HACER MÁS O SENTIRSE MEJOR?

Cuando nos sentimos abatidos y bloqueados, es fácil que estemos menos activos: no tenemos ganas de socializar, de hacer ejercicio, de mantener limpio y ordenado el lugar en el que vivimos, etc. Podemos estar atrapados en un círculo vicioso: no nos sentiremos mejor hasta que hagamos más cosas y no haremos más cosas hasta que nos sintamos mejor. A menudo nos decimos a nosotros mismos que estaremos más activos cuando comencemos a sentirnos mejor. La TCC adopta el enfoque inverso, ya que por lo general podemos controlar más nuestros actos que nuestras emociones. Si esperamos a sentirnos lo bastante bien para estar más activos, puede ser que esperemos mucho tiempo.

Como ocurría con los objetivos, tú eres la única persona que puede decidir cuáles son tus valores. Tienes que resonar con aquellos que articules. A menudo basamos nuestros valores en lo que *pensamos* que debería ser importante para nosotros, tal vez a partir de lo que nos dijeron nuestros padres o de lo que pensamos que espera de nosotros la sociedad. Pero la base de nuestros valores debe ser aquello que nos proporciona placer o deleite, que nos aporta una sensación de maestría o logro y que sentimos que vale la pena.

La buena noticia es que, con el trabajo que hiciste la semana pasada, ya has pensado mucho en este tipo de valores. Vamos a partir de este trabajo para acabar de definirlos.

¿Qué es lo importante?

Kat ha advertido que tiende a tomar «el camino de la menor resistencia» cuando se encuentra ante oportunidades que podrían enriquecer su vida. Por ejemplo, algunos de sus compañeros de trabajo le pidieron que saliera con ellos el anterior sábado por la noche. Kat quería ir y pensó que sería divertido conocer a sus colegas en un entorno más informal. Pero la perspectiva del encuentro también le producía un grado de ansiedad: ¿se divertiría?, ¿tendría cosas interesantes que decir?, ¿pensarían sus colegas que es una persona aburrida? Sus opciones eran estas:

Opciones de Kat

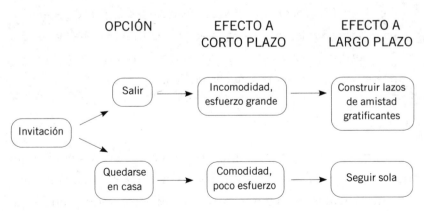

Cuando llegó el sábado por la noche, Kat terminó enviando un mensaje de texto a su compañero de trabajo para decirle que no se sentía bien y que no

podía acudir. En lugar de ir al encuentro, vio la tele con su gato y comió helado. Esa noche se sintió aliviada. Pero el lunes por la mañana se sintió sola y avergonzada mientras escuchaba cómo sus compañeros revivían lo acontecido el sábado por la noche. «Debería haber ido», pensó.

Como le ocurrió a Kat, a menudo tenemos comportamientos que son gratificantes a corto plazo pero que no nos favorecen a largo plazo. Si bien quedarse en casa hizo que Kat se sintiese mejor *esa noche*, esta decisión no la acercó a sus objetivos: estar más activa y ampliar su red social. Además, se sintió mal consigo misma por no afrontar sus miedos.

Tenemos que encontrar actividades que realmente nos importen; actividades que, en lugar de fomentar la gratificación a corto plazo que proporciona el retraimiento, estimulen la gratificación a largo plazo. Estos son los principales pasos que te conducirán a estas actividades:

1. Decide qué es lo que valoras en las áreas que examinamos la semana pasada.
2. Piensa en actividades coherentes con estos valores.
3. Planifica actividades concretas y realízalas.

Aquí tienes un ejemplo de valor y algunas actividades coherentes con él:

Valor: embellecer mi situación vital.

- **Actividad:** quitar las malas hierbas del cajón de cultivo del jardín delantero.
- **Actividad:** plantar flores.
- **Actividad:** comprar flores cortadas.

En el próximo apartado veremos cómo podemos determinar nuestros valores.

VALORES

A partir del ejemplo que se acaba de poner, date cuenta de que los valores no tienen un punto final. No hay un momento en el que podamos decir que hemos «terminado» de embellecer nuestra situación vital. Los valores pueden permanecer a lo largo de toda la vida. En cambio, las actividades son específicas y tienen un principio y un final, aunque las podamos repetir tantas veces como queramos.

Usando la hoja «Valores y actividades» que encontrarás en la página 102, escribe algunos de los valores que tienes en relación con cada área de vida. Hay dos espacios debajo de cada área de vida, y estará bien si encuentras más o menos valores para cada una. En cualquier caso, ten en cuenta lo siguiente: tus valores no tienen por qué ser «grandes» o dramáticos. Todo aquello que hace que nuestra vida sea mejor es un valor. (De momento, no escribas nada en los espacios destinados a las actividades).

Algunos de tus valores pueden encajar en varias áreas. Por ejemplo, «pasar tiempo con los amigos» podría estar en la categoría de relaciones o en la de entretenimiento y relajación. Cuando ocurra esto, elige el área que consideres más apropiada. Si no puedes decidirte, elige una al azar. Al final, lo importante será que se te ocurran actividades y las realices, no las categorías en que las incluyas.

Probablemente no acabarás de identificar tus valores en este momento. Dedica unos minutos a pensar en cada área y elabora una primera lista; le añadirás elementos más adelante, esta misma semana.

ACTIVIDADES

Ha llegado el momento de pensar qué actividades incluir en relación con cada valor. Estas actividades pueden ser agradables e importantes al mismo tiempo; un ejemplo de actividad de este tipo puede ser ir a un parque con la familia. Otras actividades pueden ser muy placenteras pero poco importantes; por ejemplo, ver una buena película. Muchas responsabilidades diarias son muy importantes pero no son muy divertidas; por ejemplo, lavar los platos. (He puesto estos ejemplos para ilustrar la cuestión; eres tú quien debes decidir qué es agradable y qué es importante).

La clave para una vida en que la depresión no esté presente es desarrollar patrones de conducta más saludables que hagan que cada día contenga actividades importantes o agradables que nos ayuden a sentirnos realizados y a sentir que nuestra vida tiene un propósito.

Carl W. *Lejuez* et al., 2011, p. 123

Las actividades poco divertidas y poco importantes no son, por definición, coherentes con nuestros valores. Como en el caso de los valores, las actividades que elijas no tienen por qué ser «épicas». De hecho, es mejor que no lo sean: no necesitamos grandes gestos cuando estamos deprimidos y sentimos ansiedad; basta con que demos pasos pequeños y sencillos. Por ejemplo, Kat escribió lo siguiente en el área de la salud física:

VALORES Y ACTIVIDADES

RELACIONES

Valor:

    Actividad: _____

    Actividad: _____

    Actividad: _____

Valor:

    Actividad: _____

    Actividad: _____

    Actividad: _____

FORMACIÓN O PROFESIÓN

Valor:

    Actividad: _____

    Actividad: _____

    Actividad: _____

Valor:

    Actividad: _____

    Actividad: _____

    Actividad: _____

FE/SENTIDO/EXPANSIÓN

Valor:

    Actividad: _____

    Actividad: _____

    Actividad: _____

Valor:

    Actividad: _____

    Actividad: _____

    Actividad: _____

SALUD FÍSICA
Valor:

    Actividad: _____

    Actividad: _____

    Actividad: _____

Valor:

    Actividad: _____

    Actividad: _____

    Actividad: _____

ENTRETENIMIENTO Y RELAJACIÓN
Valor:

    Actividad: _____

    Actividad: _____

    Actividad: _____

Valor:

    Actividad: _____

    Actividad: _____

    Actividad: _____

RESPONSABILIDADES DOMÉSTICAS
Valor:

    Actividad: _____

    Actividad: _____

    Actividad: _____

Valor:

    Actividad: _____

    Actividad: _____

    Actividad: _____

*Puedes encontrar este ejercicio en línea, en inglés, para descargarlo,
en www.downloads.callistomediabooks.com/cbt/ («Values & Activities Form»).*

Área de salud física de la hoja de valores y actividades de Kat, completa

SALUD FÍSICA

Valor: _Disfrutar de buena comida_

    Actividad: _Invitar a una amiga a tomar helado hecho en casa_

    Actividad: _Planificar comidas para la semana_

    Actividad: _Comprar pan, queso y fruta, y almorzar junto al río_

Valor: _Sentirme fuerte y en forma_

    Actividad: _Acostarme hacia las diez de la noche_

    Actividad: _Apuntarme a un gimnasio con piscina cerca de mi apartamento_

    Actividad: _Realizar entrenamiento en intervalos de alta intensidad siguiendo un vídeo de Internet_

Date cuenta de que las actividades de Kat son lo bastante *específicas* como para que esté claro cuándo han sido realizadas, contrariamente a los objetivos poco definidos del estilo «ponerse en forma» o «aprender a cocinar». Las actividades demasiado vagas pueden parecer muy difíciles de gestionar, lo cual puede hacer que nos sintamos menos motivados a realizarlas. Además, con las actividades poco definidas ocurre que no acabamos de tener claro cuándo las hemos terminado; entonces, en lugar de tener un sentimiento de logro, alimentamos la molesta sensación de que siempre podríamos hacer más. Cuando definimos unas actividades claras y manejables, es más probable que las terminemos y nos sintamos bien por haberlas hecho.

No es necesario que todas las actividades que se te ocurran sean nuevas; incluye algunas que ya estés realizando si quieres hacerlas más a menudo. Estas actividades pueden proporcionar un buen punto de partida para la inclusión de otras más gratificantes en tu agenda. Y no sientas la presión de tener que completar todas las listas de actividades ahora mismo. Tómate un tiempo para hacer una lluvia de ideas de actividades en relación con cada ámbito de tu vida. Una buena opción es que empieces a hacer la lista ahora y regreses a ella posteriormente. Es casi seguro que tendrás más ideas cuando vuelvas a consultarla más adelante, esta misma semana.

ÁTATE AL MÁSTIL

En *La odisea*, el poema épico de Homero, Ulises quería oír el canto de las sirenas. Sin embargo, todo aquel que lo oía se sentía atraído irresistiblemente y acababa por morir persiguiendo esa dulzura. Por supuesto, Ulises no estaba dispuesto a morir por escuchar este canto, e hizo que sus hombres lo ataran con cuerdas al mástil de su barco. También hizo que se taparan los oídos con cera para que no pudieran oír el canto. Y les dio esta instrucción: «Si os suplico y os ruego que me liberéis, atadme aún más fuerte».

Ulises oteó el futuro y vio una situación que le pondría a prueba. No confiaba en su fuerza de voluntad; sabía que no sería suficiente llegado el momento. Por lo tanto, preparó un plan que le impediría hacer lo que sabía que no debía hacer.

Esta metáfora es perfecta para la TCC. A menudo sabemos de antemano qué es aquello que intentará seducirnos para que abandonemos nuestras intenciones. Dotados de este conocimiento, podemos organizar nuestra vida de tal manera que nos resulte más difícil hacer cosas que no son buenas para nosotros. Por ejemplo, tener un compañero de ejercicio que se reunirá con nosotros en el gimnasio hace que sea menos probable que desistamos cuando tengamos ganas de apagar la alarma que ha sonado a las 5:30 de la mañana.

Busca oportunidades de poner en práctica esta estrategia en tu vida, para incrementar las probabilidades de hacer lo que quieres hacer.

REVISA LA HOJA DE ACTIVIDADES DIARIAS

Con los principios de las actividades de esta semana en mente, dedica un tiempo a revisar la hoja de actividades diarias de la semana pasada. ¿Qué puedes observar? ¿Con qué frecuencia realizas actividades que te parecen agradables e importantes? ¿Hay lagunas durante el día, es decir, momentos en los que haces muy poco? ¿U ocurre lo contrario, es decir, que prácticamente todos tus momentos están repletos de actividad y no te queda tiempo para disfrutar de la vida?

Tómate unos minutos para escribir tus observaciones y sensaciones relativas a tus actividades recientes:

_____

_____

_____

_____

_____

_____

_____

_____

_____

_____

_____

_____

_____

_____

¿POR DÓNDE EMPEZAR?

Ahora que has hecho tu lista de actividades basadas en tus valores, podemos ver por cuáles empezar. Repasa la lista y pon un 1, un 2 o un 3 al lado de cada actividad, según su grado de dificultad. Pon un 1 a las actividades más fáciles; se trata de cosas que ya estás haciendo probablemente o que podrías hacer sin mucha dificultad. Pon un 3 al lado de las actividades que no te imaginas acometiendo todavía. Y pon un 2 a aquellas que se encuentran en algún punto entre estos dos extremos.

Como ocurre con todo lo relativo a la TCC, esta parte del programa será progresiva. Empezarás trabajando con las actividades de tipo 1. Para esta semana, elige tres de las actividades más fáciles que más te interesan. De entrada es mejor que pertenezcan a ámbitos de la vida diferentes, pues así contarás con una diversidad de actividades gratificantes.

Anota en los espacios que siguen las actividades que has elegido:

Actividad 1:

_____

Actividad 2:

_____

Actividad 3:

_____

En el espacio de la izquierda de cada actividad, escribe qué día vas a realizarla. A continuación, toma una hoja de actividades diarias en blanco y anota la actividad en la franja de tiempo en que planeas ejecutarla. Haz lo mismo con las otras dos actividades, que realizarás en días diferentes (y, por lo tanto, requerirán hojas diferentes).

A lo largo de la semana, sigue registrando tus actividades diarias en los días en los que has anotado estas actividades previstas.

INCREMENTA LAS PROBABILIDADES

Mira las actividades que has planificado para esta semana y piensa detenidamente en lo que podría interferir en su ejecución. Si bien no podemos tener la certeza de que haremos lo que hemos planeado, sí podemos forzar las probabilidades a nuestro favor.

Una de las maneras de incrementar las probabilidades es hacer que la actividad sea manejable. Cualquier pasito que se da en la buena dirección es mejor que un gran paso que no se da. Por ejemplo, una de las actividades que había previsto Kat era apuntarse a un gimnasio con piscina. Pero al planear esta tarea se sintió abrumada: «¿A qué gimnasio voy?», «¿Dónde están mis gafas de natación?», «No tengo ningún traje de baño que me guste», etc. Kat convirtió en una actividad cada uno de estos obstáculos (elegir un gimnasio, encontrar las gafas y comprar un traje de baño). El valor del impulso es inestimable; por lo tanto, haz que las actividades sean tan pequeñas como sea necesario para poner en marcha el proceso.

BENEFICIOS DEL EJERCICIO PARA LA ANSIEDAD Y LA DEPRESIÓN

Muchos estudios han hallado que incorporar la actividad física regular a la propia rutina tiene un efecto positivo tanto sobre la depresión como sobre la ansiedad. Este efecto es más o menos igual de grande que el de los medicamentos antidepresivos. Como cabría esperar, los beneficios disminuyen si la persona deja de hacer ejercicio.

El ejercicio más intenso tiende a ser más beneficioso, si bien no parece importar si es de tipo aeróbico (correr o montar en bicicleta, por ejemplo) o anaeróbico (levantar peso, por ejemplo).

Hay varias explicaciones a por qué el ejercicio puede favorecer la salud psicológica:

- Tiende a mejorar el sueño, y un mejor sueño es bueno para todo.
- Puede hacer que apartemos la atención de los pensamientos negativos. Cuando estamos trabajando duro físicamente, es más difícil que permanezcamos enfocados en nuestros problemas.
- Puede conducir a un contacto social positivo si lo hacemos en compañía de otras personas.
- Puede proporcionarnos una sensación de satisfacción por haber hecho algo positivo para nosotros mismos.

Sea cual sea la razón por la que es beneficioso el ejercicio regular, el caso es que puede ser un componente importante del plan de tratamiento para la depresión y la ansiedad.

También puede resultarte útil pensar detenidamente en lo gratificante que será, o no, cada una de las actividades que planees. Si una actividad dada no es divertida en el momento, tiene que proporcionarte un grado de satisfacción una vez realizada. De otro modo, es probable que tenga que estar en la categoría de actividades que no vale la pena realizar.

Siempre que sea posible, determina un lapso de tiempo concreto en el que llevar a cabo la actividad y cúmplelo. Si no reservamos un intervalo de tiempo, es fácil que caigamos en la trampa de pensar que lo haremos más adelante. Cuando siempre tenemos la posibilidad de hacer algo mañana, es menos probable que lo hagamos hoy (o mañana).

Finalmente, procura rendir cuentas. Esto puede consistir en algo tan simple como decirle a alguien que vamos a hacer algo. Por ejemplo, podemos decirle a nuestro cónyuge que vamos a salir a correr por las mañanas. Si no lo hacemos, sabemos que probablemente nos preguntará al respecto. Y el hecho de registrar tus actividades a lo largo del programa te ayudará a rendir cuentas ante ti mismo.

Para resumir, será más probable que realices las actividades que has planeado si haces lo siguiente:

1. Procuras que cada actividad sea específica y manejable.
2. Procuras que cada actividad sea agradable o importante.
3. Reservas un intervalo de tiempo específico para cada actividad.
4. Incorporas la rendición de cuentas a tu plan.

Escribe a continuación otros factores que sepas que te ayudan; por ejemplo, enfocarte en las tareas de una en una para evitar sentirte abrumado:

_____

_____

_____

_____

_____

_____

_____

_____

_____

_____

_____

¡Buen trabajo!, ya llevas dos semanas con este programa. Has decidido tus objetivos y has dado un gran paso para determinar qué actividades mejorarán tu vida. Has dividido tu lista de actividades en fáciles, moderadas y difíciles, y has elegido tres actividades que debes realizar en lapsos de tiempo concretos esta semana.

La finalidad de este programa es ayudarte a pensar y actuar de maneras que te acerquen a la consecución de tus objetivos. En el próximo capítulo comenzaremos a identificar tus patrones de pensamiento. Ahora, tómate un momento para reservarte tiempo para trabajar en el programa la tercera semana.

En el espacio que sigue, reflexiona sobre lo que más ha llamado tu atención del trabajo de esta semana. ¿Cuáles han sido los mayores aprendizajes? ¿Ha habido algo que no ha estado del todo claro, de manera que necesitarás más tiempo para pensar en ello? Toma conciencia de cómo te sientes en este momento y ante la perspectiva de la próxima semana. Nos veremos ahí.

_____

_____

_____

_____

_____

_____

_____

_____

_____

_____

_____

_____

_____

_____

_____

PLAN DE ACTIVIDADES

1. Realiza tus tres actividades en los momentos programados.
2. Sigue registrando tus actividades diarias en los días en que hayas programado estas tres actividades.
3. Termina de rellenar las hojas de «Valores y actividades» inconclusas.

Identificar los patrones de pensamiento

En el capítulo anterior comenzaste a identificar lo que valoras en las áreas principales de tu vida, así como actividades coherentes con estos valores. Después elegiste tres actividades para realizar. Esta semana empezaremos por revisar cómo han ido tus actividades y a continuación identificaremos tus patrones de pensamiento.

Tómate unos minutos para pensar cómo te ha ido con las tres actividades. ¿Qué ha ido bien? ¿Qué podría haber ido mejor? Anota tus pensamientos en el apartado «Notas» que se incluye al final del libro.

Actividad 1:

_____

Actividad 2:

_____

Actividad 3:

_____

¿Qué piensas y sientes en relación con haber planificado y realizado unas actividades específicas?

_____

_____

_____

_____

_____

_____

_____

_____

_____

_____

_____

_____

_____

Una respuesta habitual en este punto del programa es: «He realizado las actividades pero no me he sentido mejor». Si tú también has respondido en estos términos, has hecho un buen trabajo. Te has ceñido a tu plan. Si hacer lo que habías planeado ha implicado alguna mejoría para tu estado de ánimo, genial. En cualquiera de los dos casos, sigue adelante.

Este programa se parece mucho a comenzar un régimen de ejercicio: las primeras sesiones serán duras y no percibirás un beneficio inmediato. De la misma manera, no es probable que el hecho de incorporar unas pocas actividades suponga una gran diferencia a corto plazo. Pero si perseveras es probable que empieces a notar la diferencia.

Como hiciste la semana anterior, elige actividades que realizar en la semana que comienza. La última semana planificaste tres. Esta semana, elige *cuatro*. Puedes seguir haciendo una actividad de la semana pasada si necesitas ahondar en ella, pero intenta que sean nuevas. Requiere práctica encontrar actividades que sean a la vez difíciles y manejables. Cíñete a aquellas a las que pusiste un 1, a menos que confíes en que puedes abordar con éxito actividades de tipo 2.

Anota las actividades en estos espacios:

Actividad 1:

_____

Actividad 2:

_____

Actividad 3:

_____

Actividad 4:

_____

Ten presentes todas las indicaciones de la semana pasada al planificar tus actividades, como la relativa a incluirlas dentro de lapsos de tiempo específicos.

Identificar pensamientos: el caso de Neil

Cuando Neil vino a verme por primera vez, llevaba seis meses en el paro. Durante veinticinco años había estado en plantilla en una gran empresa financiera trabajando como informático, hasta que los mercados se contrajeron, la empresa se apretó el cinturón y lo despidieron.

Desde el momento en que le dijeron que recogiera sus cosas, había hecho todo lo que tenía que hacer: había asistido al servicio de reubicación pagado por su empresa y se había dedicado a explorar las redes sociales y a presentarse a las ofertas de trabajo. Convirtió la búsqueda de trabajo en su empleo a jornada completa. Estaba decidido a tratar su despido como una oportunidad de encontrar algo mejor.

Pero nadie lo contrató, a pesar de que varias entrevistas habían ido bien. A medida que su situación de desempleo se prolongaba, su entusiasmo fue decayendo. Se le hacía difícil comenzar el día temprano y sentía que ejecutaba por inercia los movimientos encaminados a buscar trabajo.

Justo antes de llamar para pedir cita, había recibido el aviso de que su prestación por desempleo finalizaría pronto. Antes del aviso ya se sentía como si estuviera colgando de un hilo, y este último golpe lo dejó muy estresado y deprimido. Tenía cincuenta y dos años y compromisos financieros con sus hijos, que eran jóvenes pero ya adultos: tenía que ayudar a pagar el alquiler a su hija, recién graduada de la universidad, y tenía que pagar las cuotas universitarias de su hijo. Además, aún tenía diez años de hipoteca por delante... El estrés financiero al que estaba sometido era abrumador.

Su esposa lo apoyaba mucho y lo animaba a hacer lo que debía hacer. Pero Neil sabía que no podía apoyarse mucho, ya que ella debía lidiar con su propio estrés y con un trabajo a jornada completa. Neil supo que tenía dificultades serias cuando cruzó por su cabeza este pensamiento: «Tal vez mi esposa y mis hijos estarían mejor si yo estuviera muerto, ya que así percibirían el dinero del seguro de vida». Me llamó ese mismo día.

Sus cualidades eran fáciles de apreciar. Estaba comprometido con su familia ante todo, y no podía soportar la idea de no ser capaz de mantenerla como siempre había hecho. Pude ver que se resistía con fuerza a hundirse y que trataba de conservar el optimismo. Pero mi evaluación inicial cambió cuando vi que sus defensas se estaban desmoronando. Cuando le pregunté sobre su búsqueda de trabajo, concluyó diciendo, con media sonrisa: «Supongo que nadie quiere contratar a un viejo».

En las dos primeras semanas de tratamiento, Neil y yo nos enfocamos en que volviese a ser una persona activa. Su búsqueda de empleo constituyó una gran parte de su plan de actividades, por supuesto; pero este también incluyó el ejercicio físico y tiempo libre para hacer cosas divertidas o agradables (había renunciado al tiempo libre en gran medida, porque no creía que se lo mereciera). Al trabajar en estas actividades, pasó a ser manifiesto que pensamientos y suposiciones potentes se interponían en su camino. Tendríamos que abordar de frente su forma de pensar.

Examen del enfoque cognitivo

Muchas de nuestras reacciones emocionales proceden de lo que pensamos sobre lo que ocurre. Como humanos, queremos entender nuestro mundo, por lo que elaboramos historias para explicar los sucesos. Por ejemplo, si un amigo está disgustado con nosotros, tal vez pensemos que esta persona es proclive a ser irracional y no tiene ninguna buena razón por la que estar enojada. Si nos creemos esta historia, podríamos sentir un grado de irritación hacia este amigo. Podríamos representar la secuencia de esta manera:

Amigo disgustado conmigo ⟶ «Se está mostrando irracional de nuevo»
⟶ Irritado con el amigo

Pero ¿y si piensas que tu amigo tiene que estar enojado por alguna razón y que la culpa es tuya? Es probable que entonces experimentes unas emociones diferentes:

Amigo disgustado conmigo → «Soy un amigo pésimo» → Preocupado, culpable

Una dificultad importante a la hora de comprender los pensamientos que motivan nuestras emociones es que no suelen avisar de que vienen. En realidad estamos molestos por nuestra interpretación del suceso, pero *pensamos* que lo que nos molesta es el suceso en sí. Nuestra experiencia habitual es que el suceso *causa* la emoción:

Amigo disgustado conmigo → Irritado con el amigo

O bien:

Amigo disgustado conmigo → Preocupado, culpable

En consecuencia, no tenemos la oportunidad de preguntarnos si nuestros pensamientos tienen sentido, puesto que *ni siquiera reconocemos que hemos tenido un pensamiento*. Es difícil evaluar los pensamientos que no reconocemos como tales. Por esta razón, tenemos que practicar el reconocimiento de nuestros pensamientos y creencias. Esta práctica es tan importante que le dedicaremos el resto del capítulo.

Es posible que adviertas algunos cambios en tu proceso de pensamiento por el solo hecho de hacerte más consciente de lo que te está diciendo la mente. El acto de escribir nuestros pensamientos puede empezar a cambiar nuestra relación con ellos. Cuando me doy cuenta de que me estoy diciendo cosas a mí mismo, puedo ver que estos contenidos pueden ser ciertos o no.

Cómo identificar pensamientos

En una de las primeras sesiones con Neil, relató un rechazo decepcionante por parte de una empresa más. Cuando le pedí que especificara lo que era decepcionante, respondió: «Es frustrante no tener un empleo todavía, ¿sabes? Creo que cualquiera estaría decepcionado a estas alturas».

Neil tenía un gran argumento: no era que estuviese viviendo sucesos positivos que, de alguna manera, estuviese convirtiendo en negativos. Es naturalmente estresante tener responsabilidades financieras y tener dificultades para encontrar trabajo. Al mismo tiempo, cada uno de nosotros responde de una manera diferente a esta experiencia. Teníamos que identificar exactamente cuáles eran las reacciones de Neil.

Le pedí que se relajara, cerrara los ojos y visualizara dónde estaba cuando recibió la noticia de que no había conseguido el empleo. A continuación le pedí que me contara su conversación con el responsable de las contrataciones (lo cual hizo) y lo guie para que prestara atención a su estado emocional: ¿de qué emociones era consciente? ¿Notó sensaciones en el cuerpo? ¿Cruzaron pensamientos por su mente?

Neil abrió los ojos y respondió a esto último: «Sí. "¿Por qué me contrataría alguien?". Esto fue lo que pensé». Lo animé a pensar si esa pregunta tenía una respuesta implícita. «Bueno, fue una pregunta retórica —dijo—. Lo que quería decir era que nadie me contrataría». Seguimos hablando y me dijo que se veía desfasado, «como un dinosaurio». «Veo a todos estos licenciados recientes —explicó—; tienen la edad de mi hija y los entrevistan para los mismos puestos de trabajo a los que aspiro yo. ¿Qué posibilidades tiene un tipo de cabello gris y con gafas bifocales frente a estos niños?».

Ahora resultaba fácil ver por qué fue tan decepcionante ese rechazo: no solo no había conseguido el empleo sino que, además, se decía a sí mismo que había un factor personal que no podía cambiar (su edad) que le impediría conseguir cualquier trabajo. Hablaba en estos términos para sus adentros: «Ni siquiera debería malgastar mi tiempo. No tiene sentido». No era de extrañar que estuviese invirtiendo menos en buscar trabajo, ya que le parecía que esa inversión era energía desperdiciada.

Dedica un momento a pensar en una situación reciente en la que te invadió una emoción desagradable. Visualiza dónde estabas y lo que estaba aconteciendo, tan vívidamente como puedas. Relata ahora, brevemente, el suceso que cambió tu estado de ánimo. Anota también la emoción o las emociones que sentiste:

_____

_____

_____

_____

_____

_____

_____

_____

_____

_____

_____

_____

_____

_____

_____

_____

_____

Toma conciencia de lo que pensaste en ese momento. ¿Puedes identificar unos pensamientos específicos que puedan explicar la emoción resultante? Escribe tus observaciones a continuación:

_____

_____

_____

_____

_____

_____

_____

_____

_____

_____

Al examinar tus pensamientos relacionados con la ansiedad y la depresión, advierte en qué períodos de tiempo están centrados. Algunos probablemente tienen que ver con explicaciones de eventos que ya han acontecido. Otros quizá tengan que ver con sucesos futuros, es decir, constituyen predicciones de lo que podría ocurrir. Y otros pueden tener que ver con lo que está aconteciendo en este momento. Mientras tratas de identificar tus pensamientos, ten presente que pueden estar centrados en el pasado, el presente o el futuro.

A veces, los pensamientos se presentan como una imagen o una impresión. Tal vez no pensamos «soy débil» pero en la imagen que tenemos de nosotros mismos somos seres pequeños e impotentes. Al practicar la identificación de los pensamientos, recuerda que no necesariamente se manifiestan como palabras.

Podemos representar con un diagrama el suceso y los pensamientos y emociones asociados a este. Este es el diagrama correspondiente al caso del rechazo reciente que había experimentado Neil en su búsqueda de empleo:

Diagrama sobre el suceso, los pensamientos
y las emociones en el caso de Neil

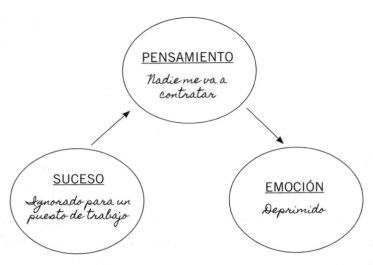

Piensa en una ocasión en la que ocurrió algo en tu vida que te hizo sentir abatido o deprimido. ¿Qué pensamientos cruzaron por tu mente? Ilústralo en forma de diagrama:

Suceso/Pensamiento/Emoción

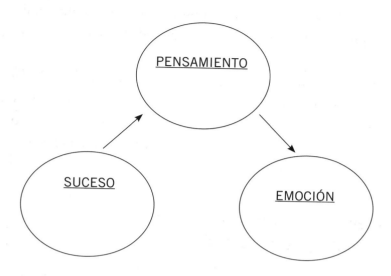

Puedes encontrar este diagrama en línea, en inglés, para descargarlo, en www.downloads.callistomediabooks.com/cbt/ («Event/Thought/Emotion»).

¿Y SI NO ES POSIBLE IDENTIFICAR LOS PENSAMIENTOS?

Neil no sabía qué pensó cuando se produjeron otros sucesos que contemplamos en retrospectiva. «Es divertido —dijo—, pero antes de que hablásemos de estas cosas ni siquiera creía que estuviese pensando. Sencillamente, creía que el mundo era tal como lo veía. Aún estoy trabajando para reconocer mis pensamientos». Dejamos el tema en suspenso en relación con estos episodios; tendríamos que recopilar más información a partir de nuevos sucesos para ver con mayor claridad qué era lo que pensaba.

Muchas veces nos resulta muy difícil saber exactamente qué estábamos pensando si no estábamos presentes en el momento cuando tuvimos el pensamiento. Si no has podido determinar con precisión qué pensamiento condujo a tu emoción, no te preocupes;

tendrás muchísimas ocasiones de practicar. En realidad, aprender a escuchar lo que nos decimos a nosotros mismos es una habilidad que se puede perfeccionar a lo largo de toda la vida; este es solo el comienzo.

Algo que tendrás que hacer dentro de tu plan de actividades para esta semana será registrar al menos tres situaciones en las que tu estado de ánimo decayó. Anotarás lo que sucedió, lo que sentiste y lo que pensaste. Puedes registrar estos episodios en el diagrama «Suceso/Pensamiento/Emoción».

Temas habituales en la ansiedad y la depresión

A medida que Neil fue conociendo mejor sus pensamientos, fue reconociendo un «elenco de personajes» que le resultaba familiar. La mayoría de sus pensamientos inquietantes tenían que ver con un futuro en el que no cabía la esperanza, a causa de su edad y de que él mismo estaba «obsoleto». A partir de ahí interpretaba que no sería capaz de mantener a su familia, lo cual, creía, lo convertía en un ser humano desprovisto de valor. ¡Con razón estaba deprimido Neil! Todo el rato estaba sometido al bombardeo de los pensamientos que le decían que era viejo, que no lo querían y que era alguien inútil.

Cuando registres tus pensamientos y emociones en copias del diagrama «Suceso/pensamiento/emoción» a lo largo de la semana, hay muchas posibilidades de que adviertas unos temas recurrentes. Es como si nuestra mente fuera una gramola que solo tuviese la capacidad de reproducir unos pocos discos cuando un evento desencadenante «pulsa el botón». Nuestras experiencias individuales de ansiedad y depresión están estrechamente relacionadas con la clase de pensamientos que tenemos a menudo.

Examinemos a continuación algunos tipos de pensamientos habituales que surgen cuando se dan ciertas alteraciones psicológicas. Empezaremos por los trastornos de ansiedad. Puedes saltarte los ejercicios correspondientes a los problemas psicológicos que no te afecten.

FOBIAS ESPECÍFICAS

Cuando tememos algo, solemos pensar que eso es peligroso. Si tenemos miedo a volar, tal vez pensemos que unos ruidos misteriosos que se oyen en el avión son indicativos de que algo va mal. Dos personas pueden experimentar el mismo suceso de maneras totalmente diferentes, según la interpretación que le den. Si el morro del avión se inclina hacia abajo, puedes sentir pavor si crees que los motores han fallado y que la aeronave está cayendo con rapidez. En cambio, si piensas «¡bien!, el descenso acaba de empezar», sentirás unas emociones muy diferentes.

Piensa en alguno de tus miedos y en un momento reciente en el que se activó. ¿Eres consciente de algún pensamiento que surgió que pudiese haber contribuido a este miedo? Registra el suceso, los pensamientos y las emociones en el diagrama que sigue.

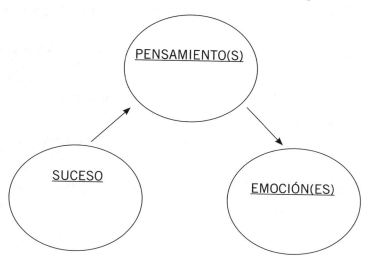

PÁNICO

El pánico es alimentado por la creencia de que alguna crisis espantosa es inminente si no escapamos de una situación dada, o la cambiamos, *enseguida*. Una vez sufrí un episodio de desrealización en el que mi despacho me pareció poco familiar, de una manera rara. De pronto *supe* que algo iba terriblemente mal; seguro que estaba padeciendo un derrame cerebral o alguna otra enfermedad que requería atención urgente. Salí del despacho, pensando que tenía que estar en un lugar público en caso de que perdiese la conciencia. Cuando ya estaba fuera y empecé a sentirme mejor, me di cuenta de que había tenido un ataque de pánico, alimentado por mi percepción de «PELIGRO», que se tradujo en una extraña sensación de irrealidad.

Estas son otras creencias habituales en el trastorno de pánico:

- Si entro en pánico mientras estoy conduciendo, me estrellaré.
- Si mi ataque de pánico se agrava lo suficiente, me voy a desmayar.
- Todo el mundo sabrá que estoy en pánico y sentiré vergüenza.
- Si entro en pánico podría perder el control y atacar a alguien.
- El pánico hará que pierda la visión, lo cual podría ser muy peligroso.
- Si no dejo de tener pánico voy a enloquecer.
- Estoy sufriendo un ataque al corazón.
- Un ataque de pánico podría hacer que no reciba el aire suficiente y que me asfixie.
- Tendré una diarrea repentina si entro en pánico en el momento inoportuno.

Si tienes problemas de pánico, piensa en momentos concretos en los que tuviste un ataque de pánico. ¿Qué lo activó? ¿Interpretaste el factor activador de una manera que te condujo a sentir más miedo y más pánico?

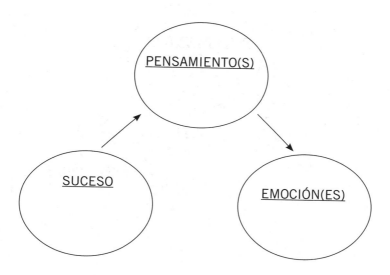

TRASTORNO DE ANSIEDAD SOCIAL

El pensamiento central en la ansiedad social es el de que haremos algo que nos abochornará en presencia de otras personas. Si somos proclives a la ansiedad social, es probable que interpretemos de la peor manera posible lo que ocurra en situaciones sociales. En el trastorno de ansiedad social, es habitual que temamos que los demás se den cuenta de que tenemos ansiedad. «Verán que me sonrojo y pensarán que soy un idiota por sentir vergüenza», podríamos pensar. O bien: «Si me tiembla la voz, perderán toda confianza en mí». La ansiedad en cuanto a parecer ansioso tiende a incrementar la ansiedad, por lo que entramos en un círculo vicioso.

Si experimentas mucha ansiedad social, piensa en una situación reciente en la que temiste los juicios de los demás. ¿Puedes identificar pensamientos sobre lo que podría pasar en esta situación?

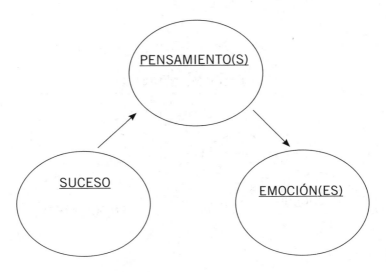

TRASTORNO DE ANSIEDAD GENERALIZADA (TAG)

Por lo general, el pensamiento tiene un gran papel en el TAG. Los pensamientos suelen empezar con «¿y si...?» en relación con algo malo que podría ocurrir:

- ¿Y si suspendo este examen?
- ¿Y si mi dolor de cabeza significa que tengo un tumor cerebral?
- ¿Y si les ocurre algo a mis padres?
- ¿Y si pierdo el empleo?
- ¿Y si el mercado de valores se desploma y acaba con mis ahorros para la jubilación?

Puesto que es «generalizada», la preocupación del TAG puede estar centrada en cualquier cosa. También tiende a estar presente la creencia implícita de que *tenemos que hacer algo para asegurarnos de que esa cosa mala no suceda.* Pensamos que tenemos la responsabilidad de controlar la situación, sea cual sea. Por lo tanto, ponemos en marcha la maquinaria mental para tratar de resolver el problema, en lo que es una preocupación improductiva. Es como tratar de jugar toda una partida de ajedrez de antemano; no sabemos qué jugadas hará el contrincante, pero aun así tratamos de «resolver» la futura partida.

Por desgracia, a veces no tenemos todo el control de aquello que es objeto de nuestra preocupación. ¿Podemos estar completamente seguros de que no vamos a suspender un examen, de que no tendremos un problema de salud importante, de que no vamos a perder a alguien cercano, etc.? Por lo tanto, quedamos atrapados en un bucle de pensamiento: a partir del «¿y si...?», tratamos de encontrar una solución que nos *asegure* que no va a ocurrir aquello que tememos. Pero como no podemos tener la certeza que buscamos, volvemos al «¿y si...?».

Por ejemplo, podríamos estar preocupados por la seguridad de nuestros hijos: «¿Y si se lastiman gravemente en el campamento?». Se nos ocurre una lista de cosas malas que podrían ocurrir y tratamos de convencernos de que nuestros hijos estarán bien. Pero, por supuesto, no podemos *saber* si estarán realmente bien, por lo que nuestra mente regresa al «¿y si...?», y el bucle continúa.

Es muy posible que una persona que tenga el TAG crea que preocuparse es un ejercicio útil. Quizá pensemos, por ejemplo, que si nos preocupamos por algo podemos evitar que eso suceda, y que dejar de preocuparnos significa bajar la guardia. Es fácil creer que nuestra preocupación «funciona» si siempre estamos preocupados y aquello que nos preocupaba no ocurrió: ¡tal vez no sucedió gracias a que nos preocupamos! O tal vez creamos que nuestra preocupación constante dice algo bueno de nosotros: que eso, lo que sea, nos importa.

Si consideras que eres una persona que se preocupa demasiado, piensa en una situación reciente que activó tu ansiedad. ¿Cuál fue la situación? ¿Y puedes identificar alguno de los pensamientos que alimentaron tu angustia?

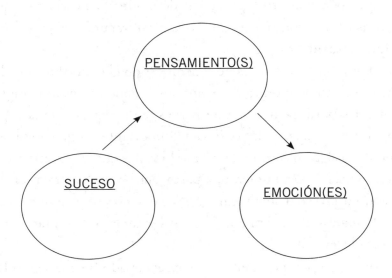

MIEDO AL MIEDO

No es difícil comprender los pensamientos sobre situaciones u objetos que pensamos que son peligrosos: nuestro miedo está vinculado a nuestra creencia relativa al peligro. Pero puede ser que *sepamos* que determinados objetos o situaciones no son verdaderamente peligrosos y que, aun así, los evitemos y los temamos.

A menudo tememos nuestro propio miedo. Tal vez supongamos que es peligroso tener un miedo extremo y que podría suceder algo catastrófico si nos asustamos demasiado. Quizá pensemos que tendremos un ataque al corazón o una embolia. O acaso creamos que nuestro miedo estará ahí para siempre si confrontamos eso que tememos.

No es poco habitual el temor de «perder los papeles» o «enloquecer» de resultas de un miedo excesivo. Tal vez creamos, en algún nivel, que si llegamos a estar demasiado aterrados arribaremos a un lugar que está «más allá del miedo», es decir, que tendremos una experiencia cualitativamente diferente, peor que mala. Quizá pensemos que nos asustaremos tanto que no podremos soportarlo y haremos algo vergonzoso.

Piensa en tus experiencias de miedo y ansiedad. ¿Hay cosas que temes aunque sepas que no son peligrosas? Piensa tan detenidamente como puedas en cómo te sientes cuando te encuentras frente a estos objetos o estas situaciones. ¿Efectúas alguna predicción sobre lo que ocurrirá de resultas de tu sensación de terror? Escribe tus pensamientos a continuación:

_____

_____

_____

_____

_____

_____

_____

_____

_____

_____

_____

TEMAS HABITUALES EN LA DEPRESIÓN

Neil consiguió una segunda entrevista en una empresa que parecía una bue-na opción para él. Entonces ocurrió algo curioso: comenzó a pensar que algo debía de ir mal en esa empresa, porque, de otro modo, ¿por qué querrían contratarlo? Se sintió avergonzado cuando le dijo lo de la entrevista a su mujer. De hecho, no quería mencionárselo, pero ella le preguntó dónde era la entrevista cuando lo vio vestido con su traje.

Neil y yo trabajamos juntos para comprender su proceso de pensamiento. Descubrió que se estaba diciendo a sí mismo que la empresa tenía que estar realmente desesperada por contratar a alguien si seguía interesada en él tras saber su edad. En consecuencia, se dijo a sí mismo que era alguien patético por acudir a esa entrevista.

Cuando estamos deprimidos, a menudo vemos cualquier suceso decepcionante como una prueba de nuestro propio fracaso. A veces incluso convertimos los acaecimientos positivos en eventos negativos. El pensamiento depresivo incluso puede convertir una victoria en una derrota. Es habitual que, en un contexto de depresión, los pensamientos giren en torno a la infravaloración de alguna manera. He aquí algunos ejemplos:

- Soy débil.
- Soy un perdedor.
- Nadie podría amar a alguien como yo.
- Lo estropeo todo.

La desesperanza es otro tema habitual en el pensamiento depresivo y conduce a la actitud de «¿por qué molestarse?». Efectuamos este razonamiento: «Si nada de lo que hago hace que las cosas sean mejores, ¿por qué debería desperdiciar mi energía tratando de cambiarlas?». Este tipo de pensamiento puede retroalimentarse, ya que conduce a la inactividad, a un estado de ánimo bajo permanente y a la creencia continua de que las cosas nunca mejorarán.

Si estás pasando por una depresión, piensa en un momento reciente en el que algo abatió tu ánimo. ¿Qué te dijiste sobre lo ocurrido? Tal vez incluso en el transcurso de la lectura de este capítulo has tenido pensamientos alimentados por la depresión, del tipo «probablemente esto no funcionará en mi caso» o «¿y qué?, ya *sé* que mis pensamientos no tienen sentido; no hay nada que pueda ayudarme». Tómate un tiempo para registrar lo ocurrido y los pensamientos que puedas recordar.

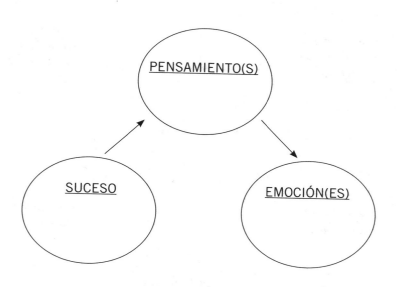

Llegar al núcleo

Con el tiempo, Neil advirtió que todos sus pensamientos tenían un «destino final». Si seguía el hilo de estos pensamientos, todos terminaban en que era un ser inútil y patético. Incluso tenía una imagen mental que acompañaba esta idea: imaginaba una toallita gastada que se había caído entre la lavadora y la secadora, y nadie se molestaba en recogerla. Represento sus pensamientos con este diagrama:

Diagrama de la creencia central de Neil

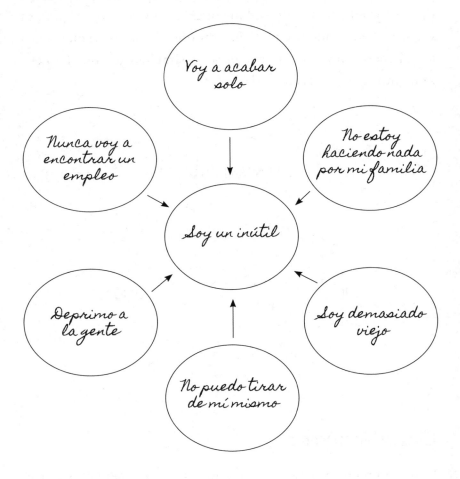

El pensamiento o la imagen centrales reflejan lo que Aaron Beck y otros llaman una *creencia central*; de ella parten todos los pensamientos específicos y la refuerzan:

- El hecho de creer que en líneas generales soy alguien inútil y patético conduce a pensamientos más específicos relacionados con esta creencia central.
- Considero que estos pensamientos específicos son «pruebas» a favor de mi creencia central. Si no identifico y cuestiono estos pensamientos, el ciclo continúa.

Encontramos un fenómeno similar con la ansiedad, que es nuestro «miedo central» o el «gran miedo» del que derivan nuestros miedos más pequeños. Por ejemplo, si tengo el miedo central de morir y dejar solos a mis hijos, puede ser que tenga mucha ansiedad en relación con la posibilidad de enfermar, con los viajes y con la seguridad en el hogar.

A estas alturas, es posible que tengas una idea acerca de cuáles son tus creencias y miedos centrales. O tal vez no. En los próximos días y semanas recopilarás información que te ayudará a identificarlos. Una vez que hemos identificado estos temas centrales podemos trabajar de manera más eficiente, pues reconocemos que, básicamente, los mensajes que no para de enviarnos la mente se corresponden con ellos.

Práctica para esta semana

A lo largo de esta semana, presta atención a las veces en que adviertas que tu estado de ánimo empeora. Dejando pasar el mínimo tiempo posible desde el suceso (idealmente, «en tiempo real»), intenta detectar los pensamientos que están alimentando tus emociones. Ten a mano copias del diagrama de identificación de los pensamientos («Suceso/pensamiento/emoción») para rellenarlas tan pronto como puedas. La próxima semana partiremos de lo que has detectado para empezar a liberarnos de estos patrones de pensamiento.

En este capítulo has dado otro paso importante: has comenzado a descubrir algunos de los pensamientos que albergas que desembocan en la ansiedad y la depresión. Te animo a que consideres un éxito cualquier progreso que realices esta semana. La mayoría de nosotros tenemos que trabajar duro para detectar nuestros pensamientos subyacentes, por lo que si encuentras que no es fácil, estás en buena compañía. Persevera. También estás prosiguiendo con el trabajo, que empezaste la semana pasada, de añadir actividades valiosas a tu agenda.

Dedica unos minutos a pensar acerca de cómo te sientes llegado a este punto. Escribe tus pensamientos y emociones, más cualquier pregunta, en el espacio que sigue. Nos veremos en la cuarta semana.

_____

_____

_____

_____

PLAN DE ACTIVIDADES

1. Realiza las cuatro actividades que has planificado para esta semana.

2. Rellena el diagrama «Suceso/pensamiento/emoción» en relación con tres sucesos por lo menos.

3. Reserva tiempo ahora para abordar los retos de la próxima semana.

Deshacer los patrones de pensamiento negativos

Bienvenido de nuevo. En la tercera semana seguimos planificando actividades que incorporar a tu vida. La semana pasada tenías previstas cuatro actividades. Resume lo que fue bien en estas actividades en el espacio que sigue:

_____

_____

_____

_____

_____

_____

_____

_____

_____

_____

_____

_____

_____

_____

_____

_____

¿Algo fue diferente de lo que esperabas? (Dificultades que tuviste, sorpresas agradables...).

_____

_____

_____

_____

_____

_____

_____

_____

¿Qué has aprendido de estas actividades que puedas aplicar las próximas semanas?

_____

_____

_____

_____

_____

_____

_____

A partir de las experiencias que tuviste la semana pasada, elige *cinco* actividades de tu lista y sigue el mismo procedimiento que en las últimas semanas: programa días y horas para realizarlas. Escógelas entre las más exigentes (aquellas a las que pusiste un 2 o un 3) si te parecen realizables.

Si no abordaste alguna o algunas de las actividades de la semana pasada, ¿aún crees que vale la pena realizarlas? En caso afirmativo, piensa en maneras de incrementar las probabilidades de hacerlas; por ejemplo, descomponerlas en tareas más pequeñas. (Consulta el apartado «Incrementa las probabilidades», en la página 108, si lo necesitas). Anota tus cinco actividades a continuación:

Actividad 1:

_____

Actividad 2:

_____

Actividad 3:

_____

Actividad 4:

_____

Actividad 5:

_____

Ahora, encuentra huecos en tu agenda para programar estas actividades para la semana que tienes por delante.

La tercera semana también comenzaste a llevar el control de tus patrones de pensamiento. Rellenaste el diagrama «Suceso/pensamiento/emoción» en relación con tres sucesos por lo menos.

Repasa los registros que efectuaste la última semana. ¿Hay temas que destaquen?

_____

_____

_____

_____

_____

_____

_____

_____

Alex se abre camino

«He confirmado todo lo que pensaba que estaba mal en mí —dijo Alex con la voz rota—. Estoy decepcionando a todos. Dependen de mí y ni siquiera puedo tirar de mí misma». Se secó las lágrimas, se sentó y se cubrió los ojos con la mano.

Con anterioridad, esa misma semana, la supervisora de Alex, Dianne, la había llamado a su despacho. Le dijo que tendría que trabajar más horas, lo cual incluía las últimas horas de la tarde y los fines de semana, si quería cumplir las expectativas asociadas a su empleo. Le recordó a Alex que ella misma hizo lo que tenía que hacer veinte años atrás, siendo madre de niños pequeños; tuvo que demostrar su dedicación al trabajo para que la tomaran en serio. Alex prometió esforzarse más, pero salió del despacho de la supervisora sintiéndose completamente desmoralizada.

Cuatro semanas antes, Alex había comenzado a seguir un tratamiento conmigo. Le costaba encontrar tiempo para un empleo exigente como subdirectora de un extenso programa de máster MBA Executive a la vez que era madre de dos niñas pequeñas. No hacía más que trabajar; no dedicaba ningún tiempo a divertirse. Su día empezaba con una rutina matutina frenética, que se extendía entre las cinco y media y las siete y media de la mañana; a continuación llevaba a su hija de cuatro años al parvulario y a su hija de dieciocho meses a la guardería. Seguidamente, pasaba un día agotador en la oficina, hasta las seis de la tarde.

La madre de Alex cuidaba de las niñas por la tarde, hasta que ella llegaba a casa. Después acontecía la crisis nocturna, que se prolongaba hasta que las dos niñas se quedaban dormidas, hacia las siete y media. Alex y su marido, Simon, disponían de quince minutos para hablar sobre cómo les había ido el día mientras hacían limpieza en la cocina, antes de que cada uno abordara sus tareas nocturnas y se preparara para el día siguiente. A menudo traía archivos a casa para revisarlos por la noche y siempre se sorprendía de lo poco que lograba hacer antes de las diez y media; alrededor de esta hora, se quedaba dormida en su asiento.

Alex no dormía bien desde que nació su última hija. Tenía los nervios de punta y solía mostrarse irritable, cuando ella nunca había sido así. Quería ser más paciente con sus hijas. «Esta mañana he oído que mi hija de cuatro años le decía a su hermana que dejara de quejarse porque yo estaba de mal humor hoy —me dijo—. He sentido que estoy fracasando como madre».

En las dos primeras semanas de tratamiento nos centramos en encontrar pequeñas maneras de que Alex incluyera algunas actividades agradables y reparadoras en su día a día. Por ejemplo, le pidió a Simon que estuviera pendiente de las niñas los sábados por la mañana para que pudiese ir a clases de spinning *con una amiga. También se dio cuenta de que escuchar música clásica mientras conducía de casa al trabajo era más relajante que escuchar malas noticias en la radio (además, esto no le quitaba ni un ápice de su precioso tiempo). La semana anterior había empezado a llevar el registro de sus pensamientos en relación con los sucesos difíciles, como lo fue el encuentro con su supervisora.*

Esta semana vas a examinar tus pensamientos. Al prestar atención a lo que te dice tu mente, tal vez has comenzado a advertir que tus pensamientos son problemáticos en alguna medida. Por ejemplo, quizá te has dado cuenta de que no todos ellos se corresponden con la realidad al cien por cien. Puedes haber advertido que tus pensamientos gravitan hacia ciertas interpretaciones negativas, a pesar de que otras son posibles. Si has detectado este tipo de tendencias, apúntalas a continuación. Si no las has percibido, no te preocupes; tendrás muchas oportunidades más de examinar tu forma de pensar.

_____

_____

_____

_____

_____

_____

_____

_____

_____

_____

_____

_____

Como veíamos en el capítulo uno, nuestros pensamientos pueden tener unos efectos potentes sobre nuestras emociones. Cuando estamos deprimidos o sentimos ansiedad, pueden manifestarse unos patrones de pensamiento que no nos hacen ningún bien.

Pensamientos inútiles

Piensa en todas las utilidades que tiene el pensamiento. Podemos hacer planes para el futuro, reflexionar sobre nuestros actos pasados, evaluar las motivaciones de los demás, saborear nuestros recuerdos favoritos, etc. Cuando nuestros pensamientos se corresponden lo suficientemente bien con la realidad, nos prestan un buen servicio.

Algunos de los pensamientos que registraste a lo largo de la semana anterior quizá eran fieles a la realidad y, por lo tanto, útiles. Pero nuestra mente también puede crear pensamientos que *no reflejen la realidad de forma precisa*:

- Efectuamos predicciones equivocadas.
- Malinterpretamos la intención de otras personas.
- Interpretamos mal determinadas situaciones.

Todos tenemos pensamientos erróneos. Después de una charla que di en una ocasión como parte de una entrevista de trabajo, quedé convencido de que quienes me escucharon se habían aburrido y se habían llevado una gran decepción. «La he fastidiado», pensé mientras iba caminando hacia casa. Cuando llegué, había un correo electrónico en mi bandeja de entrada que decía que me ofrecían el trabajo. Por fortuna, *podemos pensar sobre nuestro propio pensamiento* y reconocer si nuestros pensamientos tienen o no sentido.

Evoca una ocasión en la que pensaste o creíste algo que después supiste que era falso y narra tu experiencia en el espacio que sigue:

_____

_____

_____

CARACTERÍSTICAS DE LOS PENSAMIENTOS ERRÓNEOS

Se ha dicho que los pensamientos erróneos son:

- **Irracionales:** Albert Ellis subrayó que a menudo nuestros pensamientos **no tienen sentido**. Por ejemplo, tal vez nos decimos a nosotros mismos que todo el mundo tiene que pensar bien de nosotros o, en caso contrario, estaremos tremendamente disgustados. La *terapia racional emotivo-conductual* de Ellis fue concebida para identificar los pensamientos irracionales y sustituirlos por pensamientos racionales conducentes a un mayor bienestar.

- **Disfuncionales:** en la terapia cognitiva de Aaron Beck se dice que los pensamientos erróneos son disfuncionales porque **no nos prestan un buen servicio**. Cuando nos decimos a nosotros mismos, por ejemplo, que no vale la pena intentar algo, nos estamos predisponiendo al fracaso. Si identificamos los patrones de pensamiento disfuncionales, podemos trabajar para reemplazarlos por otros que nos ayuden a avanzar hacia el cumplimiento de nuestros objetivos.

- **Sesgados:** una gran cantidad de estudios han mostrado que nuestros pensamientos tienden a ser **muy parciales** cuando sentimos ansiedad o estamos deprimidos. Por ejemplo, es probable que una persona que tenga el trastorno de ansiedad social advierta los comentarios potencialmente negativos de los demás e ignore los comentarios positivos. Al prestar atención a la información que respalda nuestra ansiedad o nuestra depresión solamente, fortalecemos nuestros patrones de pensamiento negativos.

- **Distorsionados:** finalmente, los pensamientos erróneos **no reflejan la realidad de una manera precisa.** Quizá pensemos que somos totalmente incompetentes tras cometer un pequeño error o que no le gustamos a nadie solo porque una persona no ha sido amable con nosotros. A través de la terapia cognitiva podemos cambiar nuestros procesos de pensamiento para que se correspondan mejor con la realidad.

Estas cuatro características están relacionadas; por ejemplo, es probable que los pensamientos sesgados estén distorsionados y es casi seguro que los pensamientos irracionales son también disfuncionales. Ten en cuenta estas cuatro calificaciones a la hora de identificar y cuestionar tus patrones de pensamiento.

EXAMINAR LAS PRUEBAS

Uno de los episodios que registró Alex fue una mañana especialmente estresante en la que trató de que todos saliesen por la puerta puntualmente. Se sintió irritada y abrumada y pensó con tristeza mientras se dirigía al trabajo: «Decepciono mucho a los demás».

Hablamos de este pensamiento y quedó claro que lo decía en serio y en general: «No hago otra cosa que decepcionar mucho a todo el mundo». Esta creencia la perturbaba enormemente y teníamos que analizarla con rigor: ¿se correspondía con la realidad?

Primero buscamos pruebas en apoyo del pensamiento de Alex. De hecho, había momentos en que otras personas se sentían decepcionadas con ella, como su supervisora recientemente y sus hijas cuando les gritaba. Lo anotó en una columna destinada a reflejar los hechos «probatorios» del pensamiento. A continuación buscamos pruebas en contra de este pensamiento. ¿Había algún hecho que lo contradijera? Reflexionó un momento y dijo: «Mi hija mayor me dice que soy una buena mamá aunque grite a veces». Anotó esto en la columna dedicada a las pruebas en contra del pensamiento. Seguimos realizando este ejercicio y después echamos un vistazo a las dos columnas:

Pruebas a favor de mi pensamiento	Pruebas en contra de mi pensamiento
• Dianne se sintió decepcionada conmigo. • A menudo me muestro irritable con mis hijas.	• Dianne también dijo que estoy haciendo un buen trabajo. • Libby me dice a veces que soy una buena madre. • Mi marido dice que me estoy ocupando de muchas cosas. • Estoy trabajando a jornada completa y criando a dos hijas.

Después de realizar el ejercicio, le pregunté a Alex qué pensaba entonces de su pensamiento original.

—Es un poco parcial —admitió.

—¿Qué es lo que no contempla? —le pregunté.

—Bueno, las veces que no decepciono a los demás.

Revisamos juntos su pensamiento para que se correspondiese mejor con los datos que había reunido, y escribió: «Últimamente he decepcionado a personas más a menudo de lo que querría».

Le pregunté cuál de los dos pensamientos reflejaba mejor la realidad. Decidió que el pensamiento revisado tenía más sentido, si bien «sentía» que el pensamiento original era correcto de alguna manera. Le pregunté qué sentía cuando leía cada uno de los pensamientos. Dijo que el primero era como un peso aplastante. El segundo le suscitaba tristeza, pero una tristeza que podía manejar.

Me dijo: «Tal vez no soy solamente alguien decepcionante». Los ojos se le llenaron de lágrimas y tardó un poco en poder hablar. Finalmente añadió: «Llevo tanto tiempo suponiendo que estaba fallando miserablemente que ahora me parece demasiado esperar que aún haya esperanza para mí».

Date cuenta de que en este ejemplo el objetivo no era que Alex tuviera «pensamientos felices» para neutralizar los negativos. El objetivo era analizar detenidamente y con lucidez su situación (y lo que pensaba al respecto) y efectuar un juicio preciso. Si realmente hubiese sido una persona decepcionante en todos los sentidos, habría sido importante para nosotros tener esta información.

Trabajemos ahora con los pensamientos que has registrado en las copias del diagrama «Suceso/pensamiento/emoción». Para empezar, elige el suceso que hayas encontrado más perturbador. Anota las pruebas que apoyen tu pensamiento al respecto en el recuadro que sigue. ¿Hay alguna prueba en contra de tu pensamiento, que indique que posiblemente no está reflejando toda la realidad?

Cuestiona tus pensamientos

Suceso:	Pensamiento:	Emoción:
_____	_____	_____
_____	_____	_____
_____	_____	_____
_____	_____	_____

Pruebas a favor de mi pensamiento	Pruebas en contra de mi pensamiento
_____	_____
_____	_____
_____	_____
_____	_____
_____	_____
_____	_____
_____	_____

Puedes encontrar este ejercicio en línea, en inglés, para descargarlo,
en www.downloads.callistomediabooks.com/cbt/ («Challenging Your Thoughts»).

A partir de las pruebas que has encontrado, ¿cuál es el grado de precisión del pensamiento que tuviste?

_____

_____

_____

¿Cómo modificarías el pensamiento para que se corresponda mejor con la realidad?

_____

_____

_____

_____

VER LO POSITIVO

Alex me habló de una ocasión en la que se sintió muy mal consigo misma. Ella y Simon habían decidido que él llevaría a las niñas a la fiesta de cumpleaños de una compañera de clase de Libby para que Alex pudiese reunirse con una amiga. Se sintió culpable por no haber ido a la fiesta y empezó a recordar todas las veces que se había perdido eventos de las niñas.

Comenzamos a examinar su pensamiento «no hago nada por mis niñas». Le pedí que me dijera dónde estaba cuando tuvo este pensamiento y qué estaba aconteciendo. Me contó lo siguiente:

—Le dije a Libby que Simon la llevaría a la fiesta y no supe descifrar si se lo tomó bien o no. Más tarde esa noche, yo estaba tumbada en la cama de Libby rascándole el brazo como a ella le gusta; la ayuda a conciliar el sueño. Mientras tanto, iba haciendo una lista mental de todas las maneras en que había defraudado a mis hijas.

Le pregunté:

—¿Dónde has dicho que estabas cuando tuviste ese pensamiento?

Comenzó a narrarme la situación de nuevo, y ella misma se detuvo de pronto:

—¡Ah, ya entiendo!, era una pregunta terapéutica. —Esbozó media sonrisa—. Supongo que es paradójico que pensara que no estaba haciendo nada por las niñas justo cuando estaba haciendo algo por Libby.

Hablamos un rato sobre la capacidad que tiene la mente de ver lo que quiere e ignorar el resto, incluso cuando lo tenemos justo delante.

Cuando buscamos pruebas a favor y en contra de nuestros pensamientos, tenemos que estar tan abiertos como podamos a toda la información disponible. El solo hecho de que nuestros pensamientos tengan un sesgo negativo es indicativo de que estamos pasando por alto información relevante. Si no nos andamos con cuidado, podemos permitir que este sesgo se imponga a nuestros esfuerzos encaminados a deshacer los patrones de pensamiento negativos, y nuestro propósito quedaría en nada.

Regresa al ejemplo en el que estabas trabajando antes. Al evaluar el grado en que se corresponde con la realidad tu pensamiento, asegúrate de considerar si podrías estar ignorando información que alentaría unos pensamientos más positivos.

Cuestionar nuestros pensamientos no consiste en mentirnos a nosotros mismos y negar nuestras imperfecciones. Somos lo suficientemente inteligentes como para ver lo que hay en realidad al otro lado del velo del autoengaño. En gran medida, esta práctica consiste en aprender a *aceptar* nuestras imperfecciones en lugar de odiarnos por ser plenamente humanos.

Echemos un vistazo, ahora, a la tendencia a ver las cosas peores de como son.

¿ES UNA CATÁSTROFE?

Hasta ahora nos hemos centrado en los errores de pensamiento que implican sesgos o falsas predicciones. Tal vez pensemos que recibir una multa por haber aparcado mal significa que somos terriblemente irresponsables, o que nos desmayaremos si entramos en pánico, o que nadie querrá ser amigo nuestro si mostramos signos de ansiedad. Cada uno de estos pensamientos erróneos implica unas creencias erróneas.

Pero ¿qué ocurre con los pensamientos que no son poco realistas? Por ejemplo, ¿y si tememos ruborizarnos al hablar en una reunión o si tenemos miedo de sufrir un ataque de pánico en un avión? Podría ser que haya una alta probabilidad de que eso suceda. A menudo, en estos casos, nos equivocamos al *evaluar el resultado final*. Tal vez creamos que ruborizarnos sería algo *horrible* o que tener un ataque de pánico en un avión sería un *desastre total*. Nuestra mente puede convertir una situación rara, incómoda o decepcionante en una catástrofe absoluta.

Al examinar tus pensamientos, ¿adviertes reacciones emocionales que parecen exageradas en relación con el pensamiento? Por ejemplo, ¿te dijiste a ti mismo que algo que hiciste fue «espantoso» o que no podrías «soportarlo» si eso que temes se hiciese realidad? En caso afirmativo, examina si te dijiste algo más, algo que hubiese podido suscitar tus respuestas emocionales. Anota tus observaciones a continuación:

_____

_____

_____

_____

_____

_____

_____

¿QUÉ LE DIRÍAS A ALGUIEN A QUIEN QUIERES?

En el transcurso de nuestro examen de los pensamientos perturbadores de Alex, contó que en una ocasión su hija de cuatro años se negaba a vestirse por la mañana:

—Yo había dormido muy mal esa noche y tenía que llegar puntualmente al trabajo para asistir a una reunión con todos los alumnos nuevos del MBA.

Libby me dijo que no podía vestirse porque Bunny, su animal de peluche favorito, estaba durmiendo en su habitación y no quería despertarlo. Me frustré tanto con ella que finalmente me agaché para situar mis ojos al nivel de los suyos y le dije: «Ponte el vestido ahora mismo o Bunny se va a ir a la basura». Incluso mientras lo estaba diciendo pensé: «Eres una madre horrible; ¿quién le hace eso a su hija?».

Le pregunté a Alex qué le diría a alguien a quien amara si esa persona le dijera que había hecho algo similar. Sonrió y dijo:

—Es divertido; de hecho, esto ha sucedido este fin de semana. Estaba corriendo con Laura y le dije lo disgustada que estaba conmigo misma por haber perdido la paciencia y haber amenazado a mi hija con quitarle a Bunny. «Esto no es nada —me dijo—. Te impactaría oír algunas de las cosas que salen de mi boca cuando los niños me están exasperando de veras». Me dijo algunas de esas cosas y, francamente, quedé impactada. Quiero decir, no era un lenguaje abusivo, pero yo me sentiría muy mal si dijese eso.

—Por lo tanto, ahora debes de sentir algo muy diferente por Laura, ¿no? —pregunté.

—¿Qué quieres decir? —replicó Alex.

—Bueno, basándonos en cómo te sentiste contigo misma por hacer algo más suave, Laura tiene que ser una madre espantosa.

Alex frunció el ceño.

—No, es una madre fantástica. Ama a sus hijos. Pero hace muchos malabarismos, ya que tiene que criarlos y trabajar a jornada completa. Entonces, a veces la ponen nerviosa y dice cosas de las que después se arrepiente.

—Tendrás que perdonar la comparación, pero parece como si te estuvieses describiendo a ti misma.

—Sé a qué te refieres —dijo Alex—, y puedo ver que todo lo que he dicho es aplicable a mi caso. Pero... la sensación es diferente. Quiero decir que nunca podría decirle a ella lo que me digo a mí misma. Quiero a Laura.

—¿Qué le dirías a Alex si la quisieras? —le pregunté.

Alex reflexionó sobre esta pregunta a lo largo de la semana. Cuando regresó, dijo que había practicado hablarse a sí misma como si fuese alguien que le importase. Dijo que a veces incluso había tenido la sensación de estar cuidando de sí misma y de ser objeto de cuidados. «Me parece raro decir esto —dijo—, pero estoy empezando a pensar que machacarme a mí misma no tiene que ser una de mis tareas».

Le pregunté en qué tipo de pensamientos había estado trabajando, sobre todo en las situaciones que desencadenaban sus reflexiones de autodesprecio. «Me digo a mí misma: "Has cometido un error; no pasa nada". El otro día perdí la paciencia con mis hijas mientras las llevaba en el coche a la escuela y oí esa voz crítica tan familiar. La voz dijo: "¿Por qué no has podido aguantar solo unos minutos más? Ahora has arruinado el día de todas". Y le respondí a la voz. Le dije: "Porque esta mañana, por más que quise aguantarme, no pude hacerlo. Y tal vez el día no esté arruinado, todavía no". De hecho, sonreí. Sé que no soy una madre perfecta... y puedo vivir con eso. Tampoco soy un desastre».

La mayoría de las veces, los pensamientos erróneos que tenemos son relativos a nosotros solamente. Por razones que no están del todo claras, casi siempre somos más duros con nosotros mismos que con los demás. Pocas veces interpretaríamos un suceso dado de la misma manera si eso le ocurriese a otra persona.

A muchos de nosotros se nos hace raro, al principio, hablarnos con mayor suavidad. Nos hemos acostumbrado tanto a ser duros con nosotros mismos que creemos merecer que nos hablen de esta manera. Con la práctica, un enfoque más amable puede empezar a parecernos más natural.

Ahora, elige otro suceso que registraste en algún momento de la semana pasada en el diagrama «Suceso/pensamiento/emoción» y sírvete del recuadro que sigue (es una «copia» del recuadro anterior, «Cuestiona tus pensamientos») para examinar lo que pensaste.

Suceso:	Pensamiento:	Emoción:

Pruebas a favor de mi pensamiento	Pruebas en contra de mi pensamiento

Puedes encontrar este ejercicio en línea, en inglés, para descargarlo, en www.downloads.callistomediabooks.com/cbt/ («Challenging Your Thoughts»).

Acuérdate de tener en cuenta estos puntos cuando examines las pruebas:

1. ¿Estoy ignorando algún dato que contradiga mis pensamientos?

2. ¿Qué probabilidades hay de que esté viendo esto peor de como es en realidad?

3. ¿Qué le diría a alguien que me importa si tuviese este pensamiento?

Tras haber examinado las pruebas, ¿revisarías tu pensamiento de alguna manera para que se adecue mejor a tu nueva conclusión? En caso afirmativo, escribe a continuación el nuevo pensamiento.

Un pensamiento que se corresponde mejor con la realidad es:

_____

_____

_____

Errores de pensamiento habituales en la ansiedad y la depresión

A estas alturas habrás empezado a reconocer algunos errores recurrentes en tu forma de pensar. Aunque los pensamientos de cada cual son únicos en cierta medida, en el capítulo anterior veíamos unos temas predecibles que se manifiestan en la depresión y la ansiedad. Vamos a revisarlos en relación con los errores de pensamiento habituales asociados a cada uno de estos trastornos.

DEPRESIÓN

Como veíamos en el caso de Alex, la depresión está vinculada a pensamientos sobre nosotros mismos demasiado negativos, como expusieron Aaron Beck y sus colegas en su manual de terapia cognitiva para la depresión. Quizá supongamos que vamos a fallar o que si hemos fallado esto se debe a que somos defectuosos en un nivel fundamental. Cuando las cosas van mal, nos lo tomamos personalmente y suponemos que *siempre* estropearemos todo.

Si sufres depresión, busca indicios de que tus pensamientos sobre ti mismo son más duros de lo que tendrían que ser a partir de lo que revelan los hechos. Al examinar detenidamente nuestros pensamientos y supuestos relacionados con la depresión, es fácil que encontremos que son infundados o, por lo menos, poco basados en la realidad. Además, busca los pensamientos que empiezan con la palabra *debería*. Normalmente, este tipo de pensamientos son severos y carecen de verdadero fundamento.

> *Alex se dio cuenta de que formulaba declaraciones que comienzan con «debería» que estaban en conflicto directo entre sí. Primero, después de que Dianne se enfrentase a ella, se dijo que debería pasar más tiempo en el trabajo. Más adelante, esa misma semana, se dijo que debería pasar más tiempo con sus hijas. Reconoció que, a menos que obrara magia, no había manera de que pudiese satisfacer una de estas exigencias sin sacrificar la otra.*
>
> *El pensamiento revisado de Alex era una alternativa más realista: «Estoy en una etapa de mi vida muy exigente y en la que estoy muy ocupada. Me gustaría tener tiempo para hacer todo perfectamente, pero no es así como funciona el mundo».*

Recuerda que el objetivo al cuestionar nuestros pensamientos negativos no es convencernos de que no hay nada que sea culpa nuestra. Queremos vernos con mayor claridad, lo cual incluye percibir nuestros defectos. Podemos practicar ver nuestras imperfecciones como parte de nuestra totalidad. En el proceso, tal vez podamos tomarnos un poco menos en serio a nosotros mismos y comenzar a valorarnos como seres humanos completos.

Si has estado deprimido, resume abajo los pensamientos erróneos de los que has tomado conciencia. ¿Qué te llevó a reconocerlos como defectuosos?

Ejemplo: supongo que no les gusto a las personas cuando llegan a conocerme, a pesar de que hay muchos indicios de que les gusto a mis amigos; por ejemplo, esta misma semana dos personas me han mandado mensajes de texto para quedar.

_____

_____

_____

_____

_____

_____

_____

ANSIEDAD

Cuando sufrimos mucha ansiedad, tendemos a sobrestimar la probabilidad de que ocurra aquello que tememos. En el trastorno de pánico, por ejemplo, es habitual pensar (erróneamente) que el pánico conduce al desmayo o la asfixia. También podemos pensar que el hecho de entrar en pánico hace que sea probable que hagamos algo peligroso, como saltar de un puente impulsivamente, cuando nuestro instinto es _alejarnos_ del peligro cuando entramos en pánico. Si nos da miedo volar en avión, podría sorprendernos el conocimiento de lo bajo que es el riesgo en realidad.

Reflexiona sobre aquello que te produce mucha ansiedad. ¿Has identificado errores en tus creencias relacionadas con aquello que temes?

Ejemplo: cuando experimento un síntoma físico, a menudo supongo que es indicativo de la peor enfermedad posible en lugar de que sea la manifestación de algo más benigno (como ha ocurrido siempre hasta el momento).

_____

_____

_____

_____

_____

_____

_____

_____

También puede ser que exageremos las *repercusiones* del resultado que tememos. Si padecemos ansiedad social, por ejemplo, es fácil que creamos que es algo horrible mostrar signos de vergüenza (como rubor), cuando hay pruebas de que las personas tienen pensamientos benevolentes hacia alguien que se ruboriza. O puede ser que nos avergoncemos una y otra vez al recordar algo tonto que dijimos, a la vez que imaginamos que la gente que estaba presente aún está pensando en eso. En realidad, lo más probable es que hayan pasado a pensar en otras cosas, como hacemos nosotros cuando otro individuo da un paso en falso en el terreno social.

¿Te has dado cuenta de que algunos de los sucesos que temes que acontezcan podrían ser más manejables de lo que pensabas? Escribe tus pensamientos a continuación:

_____

_____

_____

_____

_____

_____

Finalmente, es posible que descubramos que tenemos creencias sobre nuestra ansiedad que no resisten un examen serio. Como veíamos en el capítulo anterior, a menudo tememos nuestro propio miedo; creemos que no podremos controlarnos si nos asustamos demasiado o que tener mucho miedo es peligroso. A menudo pensamos que nos sentiremos abrumados si nos enfrentamos a nuestros miedos y que de alguna manera nos destruirán.

Si aquello que tememos no es realmente peligroso, la verdad es que el riesgo es mínimo si lo afrontamos. El miedo en sí es desagradable y molesto, pero no peligroso. Es esencial tener presente esto al llegar a la sexta semana, centrada en afrontar los miedos. El hecho de saber que el miedo no es peligroso puede motivarnos a hacer frente a aquello que tememos.

¿Has detectado errores en tu manera de pensar sobre tu propio miedo? ¿Qué te ha llevado a pensar que tus pensamientos no se corresponden con la realidad?

_____

_____

_____

_____

_____

_____

Identifica tus miedos y creencias centrales

La semana anterior examinamos las ideas derivadas de una creencia central y un miedo central. Alex anotó varias manifestaciones de pensamientos perturbadores e identificó la creencia central que vemos en la figura:

Diagrama de la creencia central de Alex

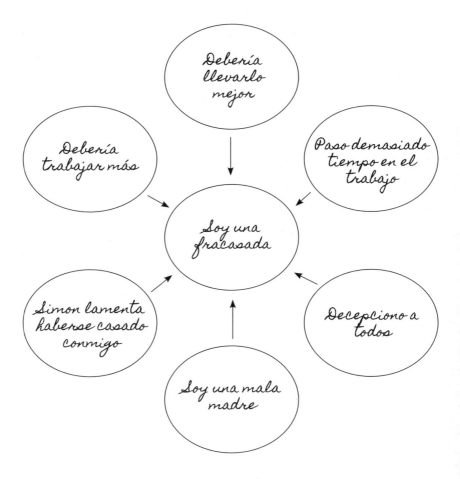

Cuando Alex comenzó a reconocer un estribillo familiar en su forma de pensar, le resultó más fácil ver en qué estaba centrada su mente y descartar los pensamientos que orbitaban alrededor de la idea de que era una fracasada. Al cabo de un tiempo apenas necesitaba llevar un registro formal de sus pensamientos; podía convertirlos en otros más realistas «sobre la marcha». Incluso concibió una respuesta abreviada a sus pensamientos negativos: «Alguien está mintiendo sobre mí otra vez», se decía a modo de recordatorio de que no tenía que hacerle caso al pensamiento. A veces reemplazaba los pensamientos, mientras que otras veces se limitaba a ignorar la idea equivocada y seguía adelante.

Todos nosotros podemos identificar nuestros miedos y creencias centrales. A partir de lo que has observado de tus pensamientos hasta el momento, ¿cuáles son los temas y errores habituales que aparecen en los pensamientos que registras?

_____

_____

_____

_____

_____

_____

_____

_____

_____

_____

_____

_____

_____

Teniendo en cuenta las observaciones que acabas de anotar, completa el diagrama lo mejor que puedas para registrar tu creencia o miedo central y pensamientos relacionados con ese miedo o creencia.

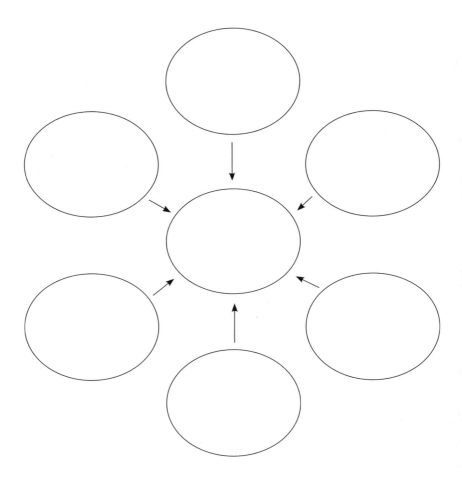

Puedes encontrar este diagrama en línea, en inglés, para descargarlo, en www.downloads.callistomediabooks.com/cbt/ («Identifying Core Beliefs»).

Con el tiempo, a medida que tengas más experiencia en descartar pensamientos y en encontrar alternativas a ellos más fieles a la realidad, podrás responder a tus pensamientos de una manera más directa. Por ahora, te animo a continuar rellenando las hojas de ejercicios para cuestionarlos. La práctica estructurada es una buena inversión para aprender bien la habilidad. Esta semana, elige tres sucesos desencadenantes y rellena la hoja «Cuestiona tus pensamientos» (página 152) en relación con cada uno de ellos.

En este capítulo hemos partido del trabajo que hiciste la semana pasada y hemos comenzado a cuestionar activamente los pensamientos equivocados que están en el origen de tus emociones. También estás prosiguiendo con la tarea de programar actividades que empezaste hace dos semanas.

Ya has ido más allá del ecuador del programa de siete semanas. Te felicito por haber llegado hasta aquí. Espero que estés empezando a cosechar algún beneficio del tiempo y la energía que has invertido.

En las semanas que quedan seguiremos trabajando en lo que has hecho hasta aquí. La próxima semana también comenzaremos a ver maneras efectivas de gestionar el tiempo y lograr hacer lo que nos hemos propuesto.

Tómate unos minutos para reflexionar acerca de cómo te está yendo con el programa. ¿Qué parece ir bien? ¿Con qué tienes dificultades? Entre los aspectos que has trabajado hasta aquí, ¿cuáles te parecen los más importantes? Escribe lo que piensas y lo que sientes a continuación:

_____

_____

_____

_____

_____

_____

_____

_____

_____

_____

_____

_____

_____

_____

_____

_____

PLAN DE ACTIVIDADES

1. Realiza las cinco actividades que habías programado.

2. Rellena la hoja «Cuestiona tus pensamientos» (página 152) en relación con tres situaciones esta semana.

3. Reserva tiempo ahora para abordar los retos de la próxima semana.

Gestión del tiempo y de las tareas

La última semana seguiste planificando actividades agradables e importantes y empezaste a enfrentarte activamente a tus pensamientos negativos. Esta semana continuaremos con las mismas técnicas. También abordaremos el asunto de la correcta gestión del tiempo y el acometimiento efectivo de las tareas.

Repasa la lista de cinco actividades que planificaste realizar (página 143). ¿Cómo te ha ido con ellas? Apunta lo que valga la pena mencionar en el espacio que sigue:

_____

_____

_____

_____

_____

Elige otras cinco actividades de la lista para realizarlas esta semana. Piensa bien cuáles vas a abordar y no temas el desafío de afrontar algunas de las más duras. Hay muchas posibilidades de que las actividades más difíciles sean también las más gratificantes.

Actividad 1:

Actividad 2:

Actividad 3:

Actividad 4:

Actividad 5:

Como siempre, programa lapsos de tiempo específicos para realizar las actividades.

Finalmente, repasa las hojas de cuestionamiento de tus pensamientos que rellenaste (páginas 152 y 158). En el espacio que sigue, resume los tipos de errores de pensamiento que advertiste (si encontraste alguno). ¿Orbitaban alrededor de un tema central estos errores?

Seguiremos trabajando con los patrones de pensamiento. Si te costó cuestionar tus pensamientos, considera la posibilidad de profundizar en lo que hiciste la cuarta semana. En la semana que ahora empieza rellena una hoja de cuestionamiento de los pensamientos por lo menos, más si es necesario.

Walter y la gestión del tiempo

Eran las vacaciones de primavera en la universidad, y en lugar de pasarlas en la playa con sus amigos, Walter estaba en mi consulta. En el semestre de otoño tuvo que lidiar con la depresión y le pusieron dos «I» (= Incompleto, calificación que indica que el estudiante no completó las asignaturas). Por más empeño que le puso, no logró terminar los trabajos de clase durante las vacaciones de invierno, y ahora volvía a ir rezagado.

«Deseaba mucho tener un buen rendimiento —me contó—. Mis padres se pusieron muy contentos cuando entré en esta universidad y en el primer año me fue bien. Pero ocurrieron algunas cosas durante el verano, antes del segundo año, que hicieron que ya me sintiese en un agujero en septiembre, cuando arrancó el curso».

Uno de sus amigos había muerto repentina e inesperadamente en julio. Este fallecimiento impactó a Walter, que pasó a centrarse en los aspectos tristes y aterradores de la vida. Además, su familia se encontraba en una situación estresante, porque sus padres habían pasado a tener dificultades económicas. Y, si bien nadie hablaba de ello, percibió que su madre había empezado a tener un problema con la bebida. La suma de todos los factores hizo que el verano fuese una época confusa y perturbadora para Walter, que regresó a la universidad sintiendo ansiedad y soledad.

A Walter le resultaba difícil perseverar. Tan pronto como se sentaba en la biblioteca y sacaba sus apuntes, lo invadía una ola de pavor. Me explicó que trataba de repasar las diapositivas de conferencias y que siempre terminaba en las redes sociales, mirando las publicaciones de sus amigos. Cuando llegaba

173

la hora en que la biblioteca tenía que cerrar las puertas, no había logrado nada excepto sentirse mal porque su vida no era tan emocionante como la de sus amigos. Regresaba a su dormitorio sintiéndose frustrado y abrumado, prometiéndose que haría su trabajo antes de acostarse.

Cuando ya estaba en la habitación, era presa del miedo ante la perspectiva de no entender los contenidos de las asignaturas y suspender, y se pasaba la mayor parte del tiempo navegando por Internet o atiborrándose de comida mientras veía diversos programas, hasta que estaba demasiado cansado para permanecer despierto. Entonces se decía que se despertaría temprano y haría el trabajo. Pero normalmente dormía hasta tarde y se perdía las clases de la mañana.

Hacia el final del semestre, estaba claro que no podría acabar de hacer todo, y se las arregló para aprobar sin brillantez las dos asignaturas más fáciles. Acordó con sus otros dos profesores la calificación de «incompleto» para ese semestre, entendiéndose que terminaría el trabajo pendiente durante las vacaciones de invierno. Sin embargo, mantuvo su patrón de evitación, y cuanto más se demoraba en hacer el trabajo, más difícil le resultaba obligarse a hacerlo.

Cuando regresó al campus en primavera, Walter se comprometió a hacer las cosas de otra manera. Pero cuando se estaba acercando la primera ronda de exámenes parciales, regresó a los viejos patrones de conducta. Cuando llegaron las vacaciones de primavera, estaba sumido en otra crisis académica y no sabía cómo detener su caída.

Efectos de la depresión y la ansiedad en la gestión del tiempo y las tareas

Como nos ocurre a muchos de nosotros, la depresión y la ansiedad de Walter hacían que le costase asumir sus responsabilidades. Nos cuesta encontrar la motivación cuando estamos deprimidos. Un grado elevado de ansiedad tampoco ayuda, pues nos puede conducir a evitar justamente eso que tenemos que hacer. Tanto la ansiedad como la depresión pueden hacer que nos resulte difícil concentrarnos y pueden interferir en nuestra capacidad de resolver problemas con eficacia. Y al tener que luchar por cumplir con nuestros compromisos, la depresión y la ansiedad pueden empeorar, por lo que se perpetúa un ciclo con el que estamos familiarizados.

¿Cómo han afectado la depresión o la ansiedad a tu capacidad de realizar las tareas?

_____

_____

_____

_____

_____

_____

_____

_____

Por fortuna, el trabajo que has hecho hasta ahora en este programa te ha servido para cultivar ciertas habilidades relevantes, que estarán en la base de los contenidos de este capítulo. Por ejemplo, examinamos maneras de incrementar las probabilidades de realizar una actividad cuando hablamos de la activación conductual. Y las habilidades mentales en las que has estado trabajando te serán útiles cuando examines algunos de los pensamientos que pueden interferir en tu empleo efectivo del tiempo.

Dedica unos minutos a pensar en tu forma de gestionar el tiempo. ¿Qué tiendes a hacer bien a este respecto? ¿Qué estrategias te funcionan?

_____

_____

_____

_____

_____

_____

_____

¿Hay áreas en las que te cueste gestionar el tiempo? ¿Vas siempre con prisas o tienes la impresión de que todo lo que haces te lleva demasiado tiempo? ¿Te cuesta decidir cuál es la mejor manera de pasar el tiempo? ¿Postergas cosas que tienes que hacer el mayor tiempo posible? Anota tus reflexiones a continuación:

_____

_____

_____

_____

_____

_____

_____

_____

_____

En los apartados que siguen nos basaremos en lo que ya has estado haciendo bien para abordar las dificultades que puedas tener con la gestión del tiempo.

Principios de la gestión del tiempo y las tareas

Tal vez los principios de la gestión correcta del tiempo sean más evidentes que cualquier otro tema de este libro. En cualquier caso, lo más importante es que apliques sistemáticamente estos principios en tu vida.

El sistema que vamos a utilizar está basado en la estrategia de descomponer tareas grandes en partes manejables. La mayoría de las veces, lo difícil en relación con la ejecución de determinadas tareas es que el proyecto parece demasiado grande. Tratar de llevar a cabo una tarea difícil es como participar en una carrera de fondo: no podemos realizarla de una vez, pero sí paso a paso.

El enfoque es básicamente el siguiente:

1. **Identifica tus tareas:** decide qué tienes que hacer.
2. **Prioriza tus tareas:** determina por cuál empezar, en función de cuándo tienen que estar terminadas.
3. **Planifica los momentos de realizar las tareas:** fija lapsos de tiempo para cada una en tu agenda.
4. **Haz las tareas:** no hay ningún paso más importante que hacer lo que te has propuesto.

EL USO DE LA TCC PARA ABORDAR LOS PROBLEMAS DE SUEÑO

Si dormimos mal nos cuesta más gestionar bien el tiempo y hacer lo que tenemos que hacer. Y la mala gestión del tiempo puede afectar al sueño. Si tu sueño se ha resentido, es una buena idea que le dediques atención.

El tratamiento más efectivo para el sueño deficiente es la *terapia cognitivo-conductual para el insomnio* (TCC-I). Entre cuatro y ocho sesiones pueden tener un efecto inmenso. Estos son los principios fundamentales del tratamiento:

- **Acuéstate y levántate siempre a la misma hora.** Si te sujetas a un horario regular tu cuerpo sabrá cuándo es el momento de dormir y cuándo es el momento de estar despierto, por lo que te costará menos dormirte y será más probable que duermas bien.
- **No estés en la cama más tiempo del que pasas durmiendo.** Si eres capaz de dormir siete horas por noche en promedio pero te pasas nueve horas en la cama, estarás dos horas despierto (probablemente estresado por no poder dormir) o durmiendo mal. Si pasamos menos tiempo en la cama, en realidad dormimos más. La persona promedio que sigue la TCC-I duerme cuarenta y tres minutos más y pasa cuarenta y siete minutos menos en la cama, un tiempo que se puede invertir en otras actividades.
- **Sal de la cama si no puedes dormirte.** Si sabes que el sueño no va a acudir pronto, haz otra cosa en otra estancia (como leer o ver uno de tus programas favoritos) y regresa a la cama cuando estés somnoliento. Procede así siempre que sea necesario. Es mejor que pases tiempo haciendo algo que te gusta que no que estés tumbado en la cama sintiéndote frustrado. Esta pauta es aplicable a cualquier punto del tiempo destinado a dormir (al

inicio de este período, al final o en cualquier momento intermedio).

- **En general, evita las siestas.** Cuando hacemos la siesta durante el día, nuestro cuerpo siente en menor medida el impulso de dormir por la noche, lo cual puede hacer que nos cueste dormirnos y puede dificultar un sueño profundo. Si haces la siesta, hazla corta y no muy tarde.

- **Evita la cafeína cuando la jornada está avanzada.** Como regla general, es probable que tomar cafeína después de la comida del mediodía afecte al sueño nocturno. Según lo sensible que seas a sus efectos, es posible que tengas que evitarla también cuando la jornada aún no esté tan avanzada.

- **Recuerda que una mala noche de sueño difícilmente equivale a un desastre.** Es fácil que entremos en pánico cuando no podemos dormir y que pensemos que no serviremos para nada al día siguiente. En realidad, la mayoría de las veces podemos manejarnos bien, aunque estemos más somnolientos de lo habitual.

Si sigues durmiendo mal a pesar de seguir estas recomendaciones, plantéate visitar a un especialista en medicina del sueño.

Tómate un momento para reflexionar sobre este enfoque. ¿Alguna de las medidas te da más problemas que las demás? Por ejemplo, ¿te cuesta priorizar las tareas porque todo te parece importante y no sabes por dónde empezar? ¿O planificas bien la ejecución de las tareas pero después te cuesta realizarlas?

\
\
\
\
\
\
\

SÁCALE EL MAYOR PARTIDO POSIBLE A TU TIEMPO

Todos disponemos de una cantidad de tiempo finita, tanto en lo que a nuestra vida respecta como en nuestro día a día. El tiempo que tenemos nos brinda innumerables oportunidades, lo cual también presenta un problema: ¿cómo podemos hacer el mejor uso de nuestro tiempo finito, dado que las posibilidades son infinitas?

Cada uno de nosotros es un administrador del tiempo que se nos asigna en este planeta, por lo que podríamos considerar que la gestión del tiempo es un trabajo sagrado. Si bien la gestión del *tiempo* y la gestión de las *tareas* son dos caras de la misma moneda, el tiempo del que disponemos no es negociable, ya que obviamente no podemos crear más. Las tareas, por otro lado, constituyen un ámbito más flexible, ya que podemos hacerlas ahora, más tarde o no hacerlas en absoluto.

Puede ser liberador dejar de enfocarnos en lo que estamos logrando y pasar a centrarnos en cómo estamos empleando nuestro tiempo. Cada día podemos preguntarnos cómo podemos utilizar bien el tiempo de esa jornada. Mientras pasemos el tiempo realizando nuestras tareas más importantes implicados en la experiencia, en gran medida es irrelevante lo que no logremos hacer. Si dices frases del tipo «no tengo suficiente tiempo», considera si sería posible que te planteases utilizar tu tiempo de la mejor manera posible, sin más. El tiempo que tenemos es el tiempo que tenemos. Si podemos hacer las paces con el tiempo que se nos ha dado, podremos centrar nuestros esfuerzos en utilizarlo de la mejor manera.

Necesitarás tu agenda para abordar los próximos apartados, así que asegúrate de tenerla a mano. Puede ser una agenda electrónica o física, lo que prefieras. En cualquier caso, ten en cuenta que deberá contener tus diversas actividades; para este trabajo, no deberás tener agendas diferentes para áreas distintas de tu vida (por ejemplo, una agenda para las actividades laborales y otra para los asuntos domésticos).

IDENTIFICAR TAREAS

—¿Qué tienes que hacer? —le pregunté a Walter.

Sacudió la cabeza:

—Mucho —dijo—. Parece imposible.

—Averigüemos si realmente lo es —dije.

Hicimos juntos una lista de las tareas destacadas que debía afrontar, que incluían las asignaturas incompletas del pasado otoño. La lista quedó así:

- *Hacer los trabajos pendientes de las asignaturas incompletas*
- *Leer seis capítulos del manual de psicología*
- *Seis conjuntos de problemas matemáticos*
- *Dos experimentos para «Introducción a la psicología»*
- *Escribir un artículo de historia*

Cuando examinamos juntos la lista, Walter me dijo que le suscitaba sentimientos encontrados. Por un lado, le parecía una cantidad de trabajo increíble. Por otro lado, tenía la impresión de que la lista contenía menos elementos de los que había imaginado. Antes de ponerlos por escrito tenía la sensación de que tenía una cantidad infinita de tareas por delante, mientras que ahora se encontraba ante una lista de tareas enorme, abrumadora, pero finita en cualquier caso.

Cuando nos hemos quedado atrás, lo primero que tenemos que hacer es una lista de lo que debemos hacer. Por lo general, es mucho más fácil gestionar algo que está escrito sobre papel que algo que está en nuestra cabeza solamente. Elige actividades que debas realizar la próxima semana o las dos próximas semanas; después podrás aplicar los mismos principios a tus objetivos a largo plazo. La lista no tiene que contener actividades de la vida diaria (dormir, bañarse, comer, etc.), a no ser que no encuentres tiempo para ellas.

Si te cuesta ejecutar las tareas, haz una lista, a continuación, de lo que tienes que hacer. No te preocupes ahora de descomponer las tareas en fragmentos manejables; esto lo harás después. De momento, deja en blanco las columnas primera y tercera.

GESTIÓN DE LAS TAREAS

ORDEN	TAREAS	FECHA LÍMITE

Puedes encontrar este ejercicio en línea, en inglés, para descargarlo, en www.downloads.callistomediabooks.com/cbt/ («Task Management»).

Ahora, tómate un momento para repasar la lista. ¿Qué destaca en ella? ¿Cómo te sientes al echarle un vistazo?

_____

_____

_____

_____

_____

_____

_____

_____

PRIORIZAR TAREAS

Walter y yo regresamos a su lista y nos planteamos por dónde debería empezar. «Quiero que las asignaturas incompletas dejen de estarlo durante las vacaciones de primavera», dijo, lo que significaba que tenían que estar terminadas antes del final de marzo. Abordamos cada tarea sucesivamente y escribimos la fecha en la que tenía que terminarla o quería acabarla. Estas fechas determinaron el orden en que tendría que ocuparse de ellas.

1. Hacer los trabajos pendientes de las asignaturas incompletas - 18 de marzo
2. Leer seis capítulos del manual de psicología - 6 de abril
3. Dos experimentos para «Introducción a la psicología» - 30 de marzo
4. Seis conjuntos de problemas matemáticos - 2 de abril
5. Escribir un artículo de historia - 23 de marzo

Regresa a tu lista de tareas (tabla «Gestión de las tareas»). ¿Cuándo tienes que terminar cada una de ellas? Escribe las fechas al lado. A partir de estas fechas, asigna un número de orden a cada tarea, correspondiendo el 1 a la primera que tienes que realizar.

PLANIFICAR Y EJECUTAR TAREAS

Basándose en su lista de prioridades, Walter tuvo claro que primero se centraría en las asignaturas incompletas. Comprensiblemente, encontró abrumadora la idea de «hacer los trabajos pendientes de las asignaturas incompletas». «¿Por dónde empiezo?», se preguntó. Era la misma sensación que lo había llevado a dejar incompletas las asignaturas.

Juntos, descompusimos esta gran tarea en otras más pequeñas. Empezamos por elaborar una lista de lo que tenía que hacer para cada asignatura y dividimos estos trabajos en unos pasos que a Walter le parecieron acometibles.

Hacer los trabajos pendientes de las asignaturas incompletas

Biología
Artículo de investigación
- Repasar el tema y los artículos de investigación
- Resumir los estudios existentes
- Exponer la cuestión más relevante
- Explicar la respuesta propuesta (núm. 1)
- Pruebas a favor de
- Pruebas en contra de

Historia
Primer artículo de reflexión
Segundo artículo de reflexión
Artículo final
- Hacer un resumen
- Elegir las fuentes
- Introducción
- Primera parte
- Segunda parte
- Conclusiones

185

- *Explicar la respuesta propuesta (núm. 2)*
- *Pruebas a favor de*
- *Pruebas en contra de*
- *Conclusiones*

Echa un vistazo a la primera actividad que tienes que terminar (tabla «Gestión de las tareas», página 183). ¿Te resultaría útil dividirla en partes más pequeñas o te parecería realista acometerla tal cual? Utiliza el espacio que sigue si tienes que dividir la actividad en tareas más pequeñas.

Tarea:

_____

Subtareas:

_____

_____

_____

_____

Utiliza la hoja de descomponer tareas del final de este capítulo (página 208) si necesitas hacer lo mismo con otros elementos de tu lista.

Como parte de la tarea de planificación de los trabajos pendientes de las asignaturas incompletas, Walter estableció las fechas en las que debía terminar cada parte del plan, con la fecha de entrega final (el 18 de marzo) en mente. La planificación la hicimos el 12 de marzo, y quedó de esta manera:

Hacer los trabajos pendientes de las asignaturas incompletas

Biología - 16/3
Artículo de investigación
- Repasar el tema y los artículos de investigación - 12/3
- Resumir los estudios existentes - 13/3
- Exponer la cuestión más relevante - 13/3
- Explicar la respuesta propuesta (núm. 1) - 14/3
- Pruebas a favor de - 14/3
- Pruebas en contra de - 14/3
- Explicar la respuesta propuesta (núm. 2) - 15/3
- Pruebas a favor de - 15/3
- Pruebas en contra de - 15/3
- Conclusiones - 16/3

Historia - 18/3
Primer artículo de reflexión - 12/3
Segundo artículo de reflexión - 13/3
Artículo final - 18/3
- Hacer un resumen - 14/3
- Elegir las fuentes - 14/3
- Introducción - 15/3
- Primera parte - 16/3
- Segunda parte - 17/3
- Conclusiones - 18/3

Le pregunté a Walter si este plan le parecía realista. ¿Albergaba preocupaciones en cuanto a su capacidad de realizar cada tarea? Empezamos por considerar lo que había planificado para ese mismo día. Había dicho que quería escribir un artículo de reflexión para la clase de Historia y repasar su tema de Biología y los artículos de investigación que había elegido incluir. Dijo: «El artículo solo debe tener una o dos páginas y conozco bien el tema, por lo que no creo que haya problema. Y solo tengo que repasar el tema que elegí para la clase de biología y volver a echar un vistazo a los artículos de investigación. Por lo que sí, creo que puedo con esto».

Si has dividido tu tarea o tus tareas en subtareas, decide cuándo tienes que terminar cada una de estas a partir de la fecha límite final. Parte de esta fecha límite para ir determinando, yendo hacia atrás, la fecha de cumplimiento de las distintas subtareas.

El paso final de la fase de planificación consistió en poner los distintos elementos en la agenda de Walter. Lo hizo teniendo en cuenta otros compromisos (por ejemplo, iba a salir a cenar con su familia el 17 de marzo) y reservó lapsos de tiempo para realizar cada actividad. Al principio se mostró reacio a asignar un tiempo específico a cada tarea, ya que, según dijo, no era algo que hubiese hecho en el pasado. Hablamos sobre los pros y los contras de programar específicamente las actividades y accedió a probar esta nueva forma de proceder esa semana.

Tienes que asociar lapsos de tiempo específicos a cada una de las tareas que te hayas propuesto realizar. Usando la lista que hiciste antes para tu primera tarea, encuentra un lugar en tu agenda en el que ubicarla. Si has dividido la tarea en subtareas, programa tiempo para cada una de ellas. Haz lo mismo con todas las tareas de tu lista (tabla «Gestión de las tareas», página 181). Puedes ubicar una tarea dada en otro lapso de tiempo si hay algún cambio en tu agenda (por ejemplo, si surge un nuevo compromiso familiar).

Hay personas a las que esta forma de proceder les parece demasiado estructurada, sobre todo si están acostumbradas a una mayor flexibilidad. Si tanta planificación te intimida, intenta al menos probar este enfoque unos pocos días con una cantidad de tareas limitada. Planifica realizar algunas de las tareas en momentos bien determinados y otras dentro de un marco temporal más flexible (por ejemplo, en determinados días), y a ver cómo te va. De esta manera contarás con una base para comparar un enfoque más estructurado frente a otro menos estructurado en cuanto a la gestión de las tareas.

Dedica unos minutos a reflexionar sobre cómo llevas el proceso hasta ahora. ¿Qué te parece el enfoque que se ha expuesto? Escribe tus reflexiones en el espacio que sigue:

_____

_____

_____

_____

_____

_____

_____

_____

_____

_____

El paso final es seguir el plan que tú mismo has elaborado. Si has identificado tareas, has establecido las prioridades y has planificado su ejecución, ya has hecho gran parte del trabajo. A lo largo de la semana, haz un seguimiento meticuloso de tu planificación y realiza cada tarea dentro de los lapsos de tiempo que has establecido por poco que sea posible. Si no puedes abordar alguna tarea a la hora prevista, ubícala en otro momento.

MISE EN PLACE

Si alguna vez has visto un programa de cocina en la televisión, ya sabrás que los chefs tienen todos los ingredientes preparados de antemano. Este proceso se llama *mise en place* en francés –'poner las cosas en su lugar' antes de empezar a cocinar–. Cuando llega el momento de cocinar, el chef solo tiene que incorporar cada ingrediente en el momento oportuno. Igualmente, podemos practicar la *mise en place* con la gestión de nuestras tareas; podemos preparar el momento y la forma en que las realizaremos antes de empezar a ejecutarlas. Es algo que, si bien requiere tiempo al principio, nos permite ahorrar tiempo a largo plazo, ya que nos lleva a trabajar de manera más eficiente y con menos estrés.

Prepara el terreno para tener éxito

El plan para realizar tareas es relativamente simple: elige, prioriza, planifica y ejecuta. ¡Si siempre fuera así de fácil! Sin embargo, cuando sentimos ansiedad o estamos deprimidos hay muchas cosas que pueden interponerse en la ejecución fluida del plan. A partir del enfoque general, vamos a incorporar estrategias que te predispongan al éxito.

DIVIDE LA TAREA EN PARTES MANEJABLES

Frente a cada tarea, Walter se preguntó si sentía que podía abordarla. Cuando estábamos planificando su trabajo de Historia, dijo en un momento dado:

—No tengo ni idea de cómo escribir este artículo.

Me explicó que la idea de escribir un artículo se le hacía muy cuesta arriba, como si fuese más de lo que sus brazos o su mente pudiesen abarcar.

—¿Sabes cómo hacer un esquema? —le pregunté.

—Sí, puedo hacerlo —dijo—. Pero nunca tuve que hacer uno en el pasado; iba elaborando los contenidos a medida que avanzaba.

Hablamos brevemente sobre la posibilidad de aceptar que, por ahora, su anterior forma de trabajar no le resultaba útil, y estuvo de acuerdo en que necesitaba dividir la tarea. A cada paso le preguntaba si sabía cómo hacerlo, es decir, si tenía una idea clara acerca de cómo empezar. Cuando no la tenía, trabajábamos para dividir la tarea en partes aún más pequeñas.

Cuando analizamos el plan de escritura de su artículo, dijo:

—Me siento un poco tonto teniendo todo tan detallado. Quiero decir, llevo muchos años escribiendo artículos. Pero este procedimiento hace que parezca más fácil.

Cuando tenemos problemas para comenzar, algunas tareas pueden parecer similares a intentar sacar un disco volador de un tejado sin usar una escalera. Nos quedamos mirando el disco volador, deseando levitar. Pero no pasa nada por que no seamos capaces de levitar; solo necesitamos una escalera. La escalera convierte un espacio de diez pies en una serie de espacios de un pie.[*]

En relación con cada tarea que planifiques, considera si puedes ejecutarla con relativa facilidad. Por ejemplo, si te cuesta llevar a cabo un gran proyecto en el trabajo, ¿has dividido la tarea en pasos lo bastante pequeños como para tener una idea clara de cómo ejecutar cada uno de ellos? O, si llevas retrasados algunos asuntos del hogar, ¿sabes por dónde empezar?

---

[*] N. del T.: Se está hablando del pie como medida de longitud; un pie equivale a 30,5 centímetros.

Ahora, dedica unos instantes a pensar en un proyecto que te cueste llevar adelante. Escribe de qué se trata en el espacio que sigue:

_____

_____

¿Necesitas descomponerlo en pasos más pequeños? En caso de que sí, ¿cuáles serían? Anótalos a continuación:

Paso 1:

_____

Paso 2:

_____

Paso 3:

_____

Paso 4:

_____

Paso 5:

_____

Paso 6:

_____

Examina los pasos que has determinado. ¿Te parecen todos manejables? Si es necesario, divide cada paso en pasos más pequeños aún.

«LO INTENTARÉ»

La palabra *intentar* puede significar cosas muy diferentes, según aprendí del doctor Rob DeRubeis, uno de mis supervisores de terapia en la escuela de posgrado. Según el diccionario de Merriam-Webster, el verdadero significado de la palabra *try* ('intentar') implica esfuerzo y acción. Por ejemplo, hay personas que *intentan* subir al monte Everest. A veces decimos «lo intentaré» para indicar algo más próximo a «quiero» o «espero», como cuando decimos «intentaré ir al gimnasio mañana». Si ves que dices que *lo intentarás*, examina si lo dices en el sentido activo de la palabra o si estás expresando un deseo o una esperanza. Cuanto más activo sea tu intento, más te estarás predisponiendo al éxito.

SÉ REALISTA EN CUANTO A LOS TIEMPOS

Uno de los pasos más importantes a la hora de elaborar un plan exitoso es que nos demos el tiempo suficiente para terminar las tareas. Es fácil que seamos demasiado optimistas en cuanto a lo que podemos hacer en una cantidad de tiempo dada, y si no terminamos, o si tenemos que apresurarnos y no lo hacemos tan bien como podríamos hacerlo, no nos sentiremos bien con el resultado.

A la hora de planificar tus tareas, piensa detenidamente en la cantidad de tiempo que es probable que tengas que dedicarles. Ten cuidado de no planificar según el tiempo que *debería* llevarte algo, sino según el tiempo que, *probablemente*, requerirá. Por ejemplo, podría decirme: «Debería poder hacer la compra en cuarenta y cinco minutos». Pero si pienso en las veces que he estado en el supermercado últimamente, nunca he estado menos de una hora y quince minutos, ya que debo tener en cuenta el tiempo que paso haciendo cola y el que tardo en llegar a casa. La impresión de que siempre tardamos demasiado en hacer algo es desmoralizadora. Si te das cuenta de que has subestimado la cantidad de tiempo que requiere algo, utiliza esta información la próxima vez que programes esa tarea.

DISPÓN ALARMAS Y RECORDATORIOS

Para toda tarea que planifiques, asegúrate de contar con un recordatorio prácticamente infalible de cuándo realizarla. «Solo tengo que asegurarme de recordarlo» es una receta para el olvido. Ya es lo bastante difícil «acordarnos de acordarnos» cuando estamos bien, no digamos ya si tenemos ansiedad o estamos deprimidos.

Hay distintas fórmulas que pueden funcionar. Una muy confiable consiste en anotar citas en una agenda electrónica, en el teléfono, y activar la función de notificación para que suene una alarma a modo de recordatorio. Mantén tu teléfono cerca, con el audio activado, para asegurarte de oír el recordatorio.

Asegúrate también de abordar la tarea inmediatamente cuando suene la alarma. Si por alguna razón no puedes hacerlo, dispón otro recordatorio. Si oyes una voz interior que dice algo como «acabaré lo que estoy haciendo ahora y me pondré con ello después», detente y programa otro recordatorio. Si no lo haces, es como si no hubieses puesto ninguna alarma, pues es demasiado fácil ensimismarse con otra tarea y olvidar hacer lo planeado.

194

RINDE CUENTAS

«También tengo que contactar con mi directora académica. Me dijo que la mantuviera al día este semestre, y la estoy evitando desde que me quedé rezagado —dijo Walter. Hizo una pausa y continuó—: Además, he estado evitando a mis profesores... y a mi tutor. Sé que es mejor hacerles saber cómo están las cosas, pero esto también será un recordatorio desagradable de que no estoy haciendo lo que debo».

Planificamos que contactara con todos sus profesores esa misma tarde por correo electrónico. Estaba nervioso, y trabajamos juntos en un esquema de lo que les tenía que decir. Sentía que su mayor desafío era contactar con su directora académica, ya que le tenía algo de miedo. No confiaba en que fuese capaz de enviarle el correo estando solo, por lo que lo escribió y envió desde mi despacho.

Nos referimos a la importancia de rendir cuentas en la segunda semana, cuando hablábamos de la activación conductual. Ahora cabe aplicar los mismos principios. Si sabemos que otra persona conoce nuestros planes, será más probable que los ejecutemos.

Cuando nos cuesta asumir nuestras responsabilidades, es habitual que evitemos el contacto con aquellos a los que creemos estar decepcionando: profesores, jefes, clientes, el cónyuge. Tal vez nos digamos que no tienen por qué saber lo que está sucediendo hasta que no hayamos sido capaces de ponernos al día o que, como hace tanto tiempo que no establecemos contacto, sería increíblemente incómodo hablar con estas personas ahora. Pero en la inmensa mayoría de los casos perdemos más de lo que ganamos al evitar informar a la gente ante la que tenemos que rendir cuentas.

¿Hay alguien con quien tengas que contactar y a quien hayas estado evitando? En caso afirmativo, anota a continuación quiénes son estas personas:

_____

_____

_____

_____

Si ya va siendo hora de contactar con ellas, traza un círculo alrededor de aquellas con las que te pondrás en contacto esta semana y escribe en tu agenda cuándo lo harás.

DECIDE EMPEZAR

Muchas veces evitamos poner en marcha un proyecto porque no sabemos exactamente cómo hacerlo. Por ejemplo, a menudo he demorado la escritura de correos electrónicos porque no sabía qué decir. Sin embargo, una vez que _decidimos_ iniciar un proyecto, nos damos la oportunidad de averiguarlo. Si esperamos a saber cómo hacer la tarea, tal vez no empezaremos nunca, porque averiguar cómo realizarla forma parte de la tarea en sí.

Puede ser que retrasemos el inicio de tareas, tanto grandes como pequeñas, por no saber exactamente qué vamos a hacer. ¿Hay tareas en tu propia vida cuyo inicio has demorado por no saber cómo ejecutarlas? En caso afirmativo, escribe a continuación cuáles son:

_____

_____

_____

_____

Traza un círculo alrededor de las tareas que quieras empezar a realizar esta semana e incorpóralas a tu agenda.

RECOMPÉNSATE

Es más probable que nos pongamos en marcha y perseveremos si tenemos la perspectiva de obtener una recompensa. Aunque terminar actividades puede ser gratificante en y por sí mismo, podemos ayudarnos incluso más a nosotros mismos si nos damos pequeñas recompensas por cumplir nuestros objetivos.

Siendo adicto a la política, la recompensa que se dio Walter consistió en hacer pausas para leer dos artículos de noticias después de trabajar durante cuarenta y cinco minutos. La perspectiva de acceder a algo que le gustaba inmediatamente después de hacer su trabajo le proporcionó una motivación adicional. Y el hecho de saber que solo tenía que trabajar durante cuarenta y cinco minutos seguidos también supuso una división de su trabajo en partes que parecían acometibles.

Piensa en pequeños premios que podrías darte por trabajar en tus tareas. Ejemplos de recompensas podrían ser refrigerios, alguna actividad de tipo recreativo, momentos de relajación, socializar... Sé tan creativo como necesites para encontrar algo apropiado para ti. Debo hacer una advertencia, sin embargo: evita las actividades que tienden a ser adictivas, como jugar a videojuegos o ver la televisión. Reduce al mínimo el riesgo de que un premio interfiera en la continuación de la tarea. Además, haz que la recompensa deje de estar inmediatamente disponible cuando vuelvas al trabajo (por ejemplo, cierra el navegador de Internet o vuelve a meter las galletas en el armario).

CONSIGUE EL ESPACIO QUE NECESITAS

Cuando Walter regresó a la universidad, se encontró con que le resultaba casi imposible trabajar en su dormitorio. Su compañero de habitación lo distraía a menudo, y también constituían una distracción otros estudiantes que venían. Incluso cuando estaba solo con la puerta cerrada se dejaba llevar por una diversidad de distracciones: la televisión, los videojuegos, la música. Se dio cuenta de que tenía que trabajar en una parte silenciosa de la biblioteca para hacer algo productivo.

Trabajamos mejor cuando tenemos el espacio que necesitamos, tanto físico como mental. Podemos despejar el espacio físico organizando nuestra zona de trabajo (ya sea un despacho, un escritorio, una cocina o un garaje). La organización requiere tiempo al principio y nos ahorra tiempo al final.

¿Tienes que organizar tu zona de trabajo para que te resulte más fácil realizar tus tareas? Escribe a continuación lo que piensas al respecto:

_____

_____

_____

_____

_____

_____

_____

_____

También necesitamos contar con espacio mental para trabajar bien, lo que significa prescindir de las distracciones innecesarias. Si estás trabajando con una hoja de cálculo complicada, por ejemplo, considera la posibilidad de cerrar la aplicación de correo electrónico y silenciar el teléfono.

¿Qué tiende a distraerte cuando tratas de ser productivo? ¿Tienes manera de eliminar las distracciones de tu entorno? Registra a continuación tus pensamientos al respecto:

_____

_____

_____

_____

_____

_____

_____

PRACTICA LA ACEPTACIÓN

Tal vez más que ningún otro factor, una actitud de aceptación puede suponer una diferencia tremenda a la hora de ocuparnos de lo que tenemos que hacer. Ante todo tenemos que aceptar que a veces nos resultará difícil seguir adelante con nuestro plan. Estas dificultades no implican que debamos abandonarlo. Al contrario: aquello que vale la pena tiende a ser difícil. En lugar de retirarnos frente a la dificultad, podemos aceptarla, reconociendo que lo que tenemos entre manos es costoso. Podemos superar la dificultad en vez de huir de ella.

También podemos aceptar que estamos frente a un miedo y que es incómodo resistir el impulso de huir. Estará bien que nos preguntemos qué grado de incomodidad estamos dispuestos a tolerar para hacer aquello que es importante para nosotros. A menudo podemos sufrir menos al aceptar la incomodidad, es decir, al dejar de resistirnos al dolor y reconocer que formará parte de lo que tenemos que hacer por el momento.

Cuando llegues a tu límite y tengas la tentación de abandonar, ¿qué puedes decirte a ti mismo para alentar la aceptación de la incomodidad inevitable?

_____

_____

_____

_____

_____

Durante la semana, trabaja en las actividades que has programado. También te animo a que elijas dos o tres de las estrategias para el éxito en las que centrarte mientras ejecutas tu plan. Trabajar con una cantidad limitada de estrategias a la vez puede ayudarte a permanecer centrado mientras practicas lo que pueden ser unas habilidades nuevas. Anota en los espacios que siguen las estrategias en las que planeas enfocarte:

1.

_____

2.

_____

3.

_____

Los obstáculos y cómo quitarlos de en medio

Si te cuesta realizar las tareas o terminarlas, es probable que se deba a que te encuentras frente a ciertos obstáculos. Por fortuna, los factores de los que hemos hablado pueden ayudarte mucho a superarlos.

ESTOY PROCRASTINANDO

La mayoría de nosotros aplazamos la ejecución de actividades a veces. En ocasiones sabemos exactamente lo que tenemos que hacer y esperamos a hacerlo; otras veces tenemos que tomar una decisión y dejamos pasar el tiempo. En cualquiera de los casos, estamos postergando.

¿Hay ciertas tareas que pospones sistemáticamente? En caso afirmativo, ¿qué te hace aplazar su ejecución? ¿Cómo te sientes cuando procrastinas?

_____

_____

_____

_____

_____

_____

¿Por qué postergamos? Habitualmente, por una de dos razones: o tememos que no lo haremos bien o aborrecemos la tarea. Todo lo que podamos hacer para mitigar nuestro miedo y hacer que la tarea sea más atractiva puede combatir la procrastinación.

Además de practicar varios de los factores que examinamos antes (ejercitar la aceptación del hecho de que tenemos miedo, rendir cuentas, recompensarnos o dividir una tarea dada en partes más manejables), también podemos lidiar con los pensamientos que alimentan la postergación utilizando las herramientas de las semanas tercera y cuarta. Por ejemplo, tal vez nos digamos a nosotros mismos que el hecho de postergar presenta algún tipo de beneficio o que queremos relajarnos (aun cuando la mayoría de nosotros no lo pasemos especialmente bien durante ese tiempo de evitación).

Walter reconoció un tema recurrente en su pensamiento cuando evitaba hacer algo que sabía que debía acometer. Se decía: «Es demasiado complicado hacerlo ahora. Será más fácil que me ponga con ello después». Pero raramente llegaba el momento en que las cosas eran más fáciles. Finalmente, cuando se acercaba la fecha límite, la desesperación lo impulsaba a realizar la tarea. Por lo tanto, elaboró un pensamiento más acorde con la realidad: «Probablemente nunca tendré ganas de hacer esta tarea, por lo que es mejor ocuparme de ella ahora que seguir temiéndola».

¿Eres consciente de algo que te dices a ti mismo en cuanto a la postergación que podría no ser (del todo) cierto? En caso de que sea así, ¿qué podrías decirte para ayudarte a ti mismo con este tema?

_____

_____

_____

_____

_____

_____

_____

_____

TRASTORNO DE DÉFICIT DE ATENCIÓN E HIPERACTIVIDAD

Los problemas con la atención, la realización de las tareas, la puntualidad y la dilación también son relevantes en el trastorno de déficit de atención e hiperactividad (TDAH), según el *DSM-5*. Muchas de las técnicas presentadas en este capítulo se emplean para tratar el TDAH (ver, por ejemplo, el libro *Integrative Treatment for Adult ADHD* [Tratamiento integrativo para el TDAH en adultos], de Ari Tuckman), pero no están concebidas para constituir el único tratamiento para este trastorno. Si tienes el TDAH además de depresión o ansiedad, plantéate hablar con un profesional de la salud mental para encontrar la mejor opción de tratamiento.

PUNTUALIDAD

¿Acostumbras a llegar tarde a los sitios? La puntualidad implica llegar a los lugares a una hora, y los principios relativos a la gestión del tiempo y las tareas que se abordan en este capítulo son aplicables a los problemas de puntualidad. Si quieres ser más puntual, prueba a usar alarmas y recordatorios, a ser realista en cuanto al tiempo que tardas en hacer las cosas, a rendir cuentas y a premiarte por llegar a tiempo.

ESTOY ABRUMADO

Cuando nos hemos quedado atrás, es fácil que experimentemos la sensación de que tenemos más por hacer de lo que podemos manejar. Si tenemos en la cabeza todo lo que hay pendiente, es natural que sintamos que eso es demasiado. Practica la estrategia de considerar que la tarea que tienes entre manos es lo único que tienes que hacer. De hecho, mientras la estás ejecutando, *realmente es* lo único que tienes que hacer. Incluso podrías practicar decirte a ti mismo: «Esto es lo único que tengo que hacer en este momento».

Asegurarte de que cada tarea sea manejable, y saber que le has asignado un lapso de tiempo a cada una también puede ayudarte a combatir la sensación de agobio. Igualmente, eliminar las distracciones innecesarias de tu entorno puede proporcionarte un mayor espacio mental.

Finalmente, puedes hacerte esta pregunta tan importante: «¿Hay que hacer todo?». Si dices o sientes que tienes que hacer una tarea dada, pregúntate: «¿Realmente es así? ¿Qué pasaría si no lo hiciera?». Unas veces la respuesta será que, en efecto, tienes que hacer eso; otras veces tal vez decidas que por mucho que te *gustaría* hacer eso no vale la pena acometerlo si el precio que debes pagar es tu bienestar.

NO ESTOY MOTIVADO

La motivación tiende a ser baja cuando la tarea es poco atractiva o cuando no tenemos ganas de realizarla. Es como si tuviésemos el pie en el pedal del freno todo el rato y no pisásemos nunca el acelerador. Podemos sacar el pie del pedal del freno si hacemos que la tarea sea menos desagradable; algo que podemos hacer con este fin es descomponerla en partes manejables. También podemos pisar el acelerador si hacemos que la tarea sea más gratificante; por ejemplo, podemos darnos pequeños incentivos para realizarla. Por suerte, la motivación crece a medida que ganamos impulso.

¿Qué hace que te sientas más motivado a realizar las tareas?

_____

_____

_____

_____

_____

TENDRÍA QUE SER CAPAZ DE HACER ESTO

A veces puede ser que nos resistamos a usar estrategias de gestión del tiempo y de las tareas para que ello nos ayude a asumir nuestras responsabilidades. Tal vez nos digamos cosas como «esto no debería costar tanto» o «me obligaré a hacerlo, y punto».

El enfoque de la aceptación es muy útil a este respecto. Cuando aceptamos que las cosas son como son, nos abrimos a utilizar las herramientas que nos ayudarán a salir del estancamiento.

¿Percibes algún recelo en ti en cuanto al uso de las herramientas que se han presentado en este capítulo con el fin de ayudarte a realizar las tareas? Escribe lo que crees que significa si confías en este tipo de estrategias:

_____

_____

_____

_____

_____

_____

Hemos empezado este capítulo repasando las técnicas de semanas anteriores. Hemos partido de estas técnicas para seguir avanzando y hemos visto un enfoque general relativo a la ejecución de las tareas. También hemos examinado formas de incrementar las posibilidades de realizar las tareas y maneras de eliminar obstáculos habituales. El hecho de terminar las tareas que nos hemos propuesto realizar puede tener un papel importante en la reducción de la ansiedad y la depresión. Y a medida que estas disminuyen, se vuelve aún más fácil para nosotros abordar las tareas.

Tómate unos minutos para reflexionar acerca de cómo te van las cosas ahora que llevas cinco semanas con el programa. ¿Qué está yendo bien? ¿Hay áreas con las que sigues teniendo dificultades? Incluye cualquier reacción que te suscite el material que se ha presentado en este capítulo. Te veré en la sexta semana, en la que trabajaremos juntos en el afrontamiento de tus miedos.

_____

_____

_____

_____

_____

_____

_____

_____

_____

_____

_____

_____

PLAN DE ACTIVIDADES

1. Programa y realiza tus cinco actividades.
2. Rellena al menos una copia de la hoja del ejercicio «Cuestiona tus pensamientos» (página 152).
3. Haz las tareas que has programado para esta semana.
4. Entre las estrategias que se han presentado para afrontar esta semana, pon en práctica dos o tres.
5. Reserva tiempo ahora para abordar los retos de la próxima semana.

Descomponer tareas

Tarea: _____

    Subtareas: _____

    _____

    _____

    _____

Tarea: _____

    Subtareas: _____

    _____

    _____

    _____

Tarea: _____

    Subtareas: _____

    _____

    _____

    _____

Tarea: _____

    Subtareas: _____

    _____

    _____

    _____

*Puedes encontrar este ejercicio en línea, en inglés, para descargarlo,
en www.downloads.callistomediabooks.com/cbt/ («Breaking Down Tasks»).*

Afrontar los miedos

La última semana abordamos la gestión del tiempo y de las tareas. Vimos cómo elaborar un plan estructurado para lograr hacer estas, así como maneras de superar obstáculos habituales.

Ahora estamos preparados para emprender la última gran tarea de este programa: afrontar los miedos. Pero primero repasemos algunos temas de capítulos anteriores y cómo fueron las cosas la semana pasada.

La semana anterior tuviste tres objetivos principales: seguir haciendo actividades agradables e importantes, lidiar con los pensamientos problemáticos y trabajar en maneras de gestionar tu tiempo y tus tareas.

Espero que a estas alturas lleves bien la ejecución de tus actividades. Si aún tienes problemas, regresa a la segunda semana y revisa los principios según sea necesario. En el espacio que sigue, repasa brevemente tus éxitos y cualquier dificultad que tuvieras la semana pasada en este terreno:

_____

_____

_____

_____

_____

_____

A lo largo de esta semana, sigue realizando actividades de las incluidas en tu lista. Si hay algunas de tipo 3 que aún no hayas abordado, plantéate incorporarlas a tu horario. Además, elige tres días en los que llevar el control de tus actividades usando la hoja «Actividades diarias» (página 88).

La semana pasada ¿percibiste pensamientos que no estaban avalados por los hechos? Registra los tipos de pensamientos que advertiste y cuestionaste en el espacio que sigue:

_____

_____

_____

_____

_____

_____

Puede ser que ya te encuentres en un punto en el que puedas empezar a descartar pensamientos con mayor eficacia, sin tener que realizar todo el ejercicio de buscar pruebas que los apoyen o los desmientan. Por lo general, es útil tener algo que decir en respuesta a los pensamientos. Por ejemplo, en la cuarta semana veíamos cómo Alex se decía cosas como «alguien está mintiendo sobre mí otra vez» cuando detectaba que tenía un pensamiento que no se correspondía con la realidad. Aquí tienes otras respuestas posibles:

1. «Allá van mis pensamientos».
2. «Bien; ahora, volvamos a la realidad».

3. «Gracias a Dios, esto no es verdad».

4. «No todo lo que piensas es verdad».

Las opciones son innumerables; solo tienes que encontrar una respuesta con la que te identifiques. Esta semana, sigue detectando las ocasiones en las que tus pensamientos no te estén ayudando. Si no te resulta fácil descartar un pensamiento dado, rellena una hoja de cuestionamiento de los pensamientos en relación con él.

Si planificaste llevar a cabo algunas tareas utilizando estrategias específicas para la gestión del tiempo y las tareas, ¿hasta qué punto te ceñiste al plan? ¿Algo fue peor o mejor de lo esperado? Si te costó seguir el plan, ¿qué fue lo que se interpuso en el camino?

_____

_____

_____

_____

_____

_____

_____

_____

_____

_____

_____

_____

_____

_____

_____

_____

Si te encontraste con dificultades, podrías repasar el capítulo dedicado a la quinta semana. Podrías releer el apartado sobre los obstáculos (página 201) y ver si se interpuso alguno de ellos. En caso afirmativo, repasa las posibles maneras de eliminar los obstáculos.

Esta semana, sigue haciendo listas de tareas, estableciendo las prioridades y agendándolas. Pueden ser necesarios varios intentos para superar la evitación y comenzar a ser más productivo. Practica la paciencia contigo mismo mientras buscas lo que funciona para ti.

Afrontar los miedos

«Me doy cuenta de que, de alguna manera, este miedo ha afectado a todas las parcelas de mi vida».

La primera vez que Julie experimentó ansiedad social estaba cursando el séptimo grado. * *Ahora tiene veintisiete años, lo que significa que lleva más de media vida lidiando con esta ansiedad. No cuadra mucho que la joven confiada y elocuente que está sentada frente a mí, que además tiene sentido del humor y lo manifiesta rápidamente sobre la marcha, tenga todos los miedos sociales que me explica. Se lo digo, y comenta: «No me ocurre en todas partes. Sé que usted no me va a juzgar. Me pasa cuando estoy hablando con alguien que podría pensar que soy estúpida o rara. —Hace una pausa y prosigue—: Lo curioso es que sé que no soy estúpida o rara. Es decir, lo sé ahora. Pero en cuanto estoy en presencia de alguien a quien no conozco o tengo que hablar frente a un grupo, o estoy en una cita, me quedo paralizada. Es como si estuviera bajo la luz de un foco, alguien me pasara un micrófono y me hubiera olvidado de preparar el discurso».*

Julie ha estado trabajando en una empresa emergente de base tecnológica desde que finalizó los estudios universitarios y ha recibido elogios por hacer

---

* N. del T.: Equivalente a primero de ESO (de doce a trece años).

un buen trabajo. Kevin, el miembro principal de su equipo, le ha hecho saber que está impresionado con sus innovadoras ideas y la ha animado a hablar de ellas en las reuniones del equipo. Sin embargo, y por más que lo ha intentado, Julie no se ha atrevido a hacerlo. Se sintió mortificada cuando Kevin le preguntó por qué no se expresaba más en las reuniones, y tuvo que admitir que tenía un problema de seguridad en sí misma a la hora de hablar en un contexto grupal. Puede sentir que él la mira ahora en las reuniones cuando pregunta si alguna otra persona quiere hacer alguna sugerencia. A menudo se siente atrapada entre la presión suave pero persistente de él para que hable y su ansiedad social paralizante.

Recientemente, Kevin le dijo que quería recomendarla para un proyecto nuevo y emocionante, pero que le preocupaba su capacidad para liderar un grupo. Aunque no lo haya manifestado, Julie está aliviada: le preocuparía mucho liderar un grupo, sobre todo porque tendría que hablar frente a todos. A la vez, quiere ascender en su campo y esta sería una gran oportunidad. Además, no tiene citas, también debido a su ansiedad social, por lo que le vendría bien un desafío mayor en el trabajo. Una vez más, se siente atrapada; en este caso, entre la voluntad de evitar situaciones sociales que la aterran y el miedo a quedar estancada en un nivel situado por debajo del que le correspondería habida cuenta de su potencial.

En este capítulo veremos cómo lidiar con miedos como los de Julie. Aunque su problema sea la ansiedad social, los principios que veremos son aplicables a todos los tipos de miedos.

Las técnicas en las que nos centraremos tienen como base el principio de que la manera más efectiva de superar un miedo es exponerse a las situaciones que lo desencadenan. Es por eso por lo que esta estrategia de tratamiento se denomina *exposición*. La terapia de exposición se utiliza para hacer frente a las situaciones que realmente se temen.

Si tienes miedos importantes, el trabajo de tipo cognitivo que has realizado hasta ahora te será útil. Cuestionar la base de nuestros miedos puede ser un paso crucial en el proceso de afrontarlos. Es poco probable que nos libremos de nuestros miedos, pero una vez que nos damos cuenta de que no está garantizado que ocurra lo que tememos, seguramente estaremos más dispuestos a afrontarlos directamente.

Tómate un momento para pensar en tus miedos y anota a continuación qué es lo que más temes. ¿Te impiden vivir la vida al máximo estos miedos?

_____

_____

_____

_____

_____

_____

_____

_____

_____

_____

_____

_____

Principios del afrontamiento de los miedos

En las primeras sesiones, Julie y yo desarrollamos un plan para que pudiese avanzar hacia el cumplimiento de sus objetivos. Examinamos los pensamientos que tenía en relación con las situaciones sociales, especialmente las predicciones que efectuaba en cuanto a cómo irían las cosas en determinados *encuentros. Con el tiempo, se dio cuenta de que probablemente no había tanto que temer. Por ejemplo, ella misma no juzgaba a los demás con dureza incluso cuando hacían algo un poco ridículo, por lo que tenía pocos motivos para suponer que los demás estaban siendo muy críticos con ella.*

Había llegado el momento de que Julie afrontara sus miedos directamente. Empezamos por examinar los principios del afrontamiento de los miedos. ¿Por qué deberíamos hacer algo que sabemos que nos va a hacer sentir incómodos?

LA ANSIEDAD SE REDUCE

Si siempre nos sintiéramos igual de asustados cada vez que plantamos cara a los miedos, sería difícil justificar el afrontamiento. ¿Por qué sufrir si podemos evitarlo? Pero ocurre que el miedo está basado en la expectativa de que algo es peligroso. Cuando afrontamos una situación que nos atemoriza y no sucede nada malo, nuestro cerebro incorpora información nueva sobre esa situación. Esta es la razón por la que los miedos se mitigan cuando los afrontamos. Por lo general, no tenemos que decirnos a nosotros mismos que no debemos tener miedo; para reducir el miedo, lo más fácil es hacer aquello que tememos.

Por ejemplo, yo les tenía mucho miedo a las arañas. Un otoño, una gran araña tejedora de orbe construyó su telaraña en el marco de la puerta de mi garaje. Cada mañana tenía que pasar al lado de la araña para entrar en el garaje. Las primeras veces que la vi, me puse muy nervioso y pasé por su lado tan deprisa como pude, casi esperando que me saltase encima. En el transcurso de varias semanas mi miedo hacia la araña se fue reduciendo, y hasta acabé por desarrollar un sentimiento amistoso hacia ella. Incluso lo lamenté cuando dejó de construir su telaraña en ese lugar y no volví a verla nunca más. Después de esa experiencia, ya no les tengo tanto miedo a las arañas cuando las veo.

Piensa en una ocasión en la que afrontaste un miedo y se redujo, y escribe sobre ello a continuación:

_____

_____

_____

_____

_____

TRABAJAR CON LA ANSIEDAD DESDE ABAJO HACIA ARRIBA

Hace años traté a Ron, un hombre de mediana edad que sufría ataques de pánico. Cuando le hablé del proceso de afrontar los miedos de forma gradual, me proporcionó una metáfora que no he olvidado.

Cuando era más joven, Ron tenía miedo a las alturas. Con veintitantos años, trabajaba en el sector de la construcción en un pueblo en el que la mayoría de los edificios tenían solo dos o tres plantas, por lo que su miedo a las alturas no era un gran problema. Cuando se mudó a una ciudad, donde los empleos eran mejores, sabía que trabajaría en edificios más altos y le preocupaba la posibilidad de no ser capaz de soportarlo.

Uno de los primeros trabajos de Ron consistió en participar en la construcción de un edificio de dieciséis plantas. Estaba convencido de que tendría que encontrar otro proyecto en el que trabajar. Pero, por suerte para él, los edificios se construyen desde abajo hacia arriba. Al principio trabajó por debajo del nivel del suelo, en la construcción de los cimientos, y en las semanas siguientes trabajó en la planta baja. Cuando comenzaron a trabajar en el segundo piso, estaba un poco nervioso, pero se acostumbró con bastante rapidez.

La tercera planta no era mucho peor que la segunda, y no tardó en sentirse cómodo trabajando a esa altura. «Cuando habíamos levantado la mitad del edificio, supe que estaría bien –me dijo–. Tardaba un tiempo en acostumbrarme cada vez que subíamos un poco más, pero tenía suficiente experiencia para saber que estaría bien a partir del segundo o el tercer día. Ahora, las alturas no me preocupan».

La experiencia de Ron constituye una aplicación perfecta de la exposición. ¿Qué principios reconoces que hicieron que este «tratamiento» fuese efectivo?

A la hora de afrontar los miedos, utiliza el sentido común

Naturalmente, el proceso de afrontar los miedos solo es útil con situaciones que no son realmente peligrosas. ¡Aproximarse a un insecto picador enojado o a una serpiente venenosa no proporcionaría una experiencia de aprendizaje positiva! Recuerda que las actividades que elijas deben ser relativamente seguras. Si bien toda actividad presenta un grado de riesgo (incluso levantarse de la cama por la mañana), aquellas que elijas no deberían conllevar un riesgo mayor que las actividades normales del día a día.

AVANZA DE FORMA GRADUAL

Julie decidió que su situación solo mejoraría si afrontara sus miedos directamente. Hicimos una lista de situaciones sociales que temía y puntuamos cada una según el grado de ansiedad que experimentaría al encontrarse en ellas (en una escala del 0 al 10). Las actividades iban desde cosas que ya estaba haciendo hasta otras que creía difícil que llegaría a hacer nunca. A continuación, ordenamos las actividades según el grado de dificultad que implicaban para ella. Esta es una versión abreviada de lo que obtuvimos:

ACTIVIDAD	GRADO DE ANGUSTIA (0–10)
Realizar una presentación en el trabajo	9
Tener una cita	8
Salir con amigos del trabajo	7
Hablar en las reuniones de equipo	6
Ir al cine con una amiga	5
Decirle mis ideas a la supervisora	4
Entablar conversación con el cajero del supermercado	2

Como puedes ver, las actividades de la lista van desde las que le producían poca ansiedad a Julie (las de más abajo) hasta las que le producían mucha ansiedad (las de más arriba), sin que haya grandes saltos entre los niveles. Lo ideal sería crear una jerarquía similar a una escalera, en la que la distancia entre los peldaños sea relativamente uniforme.

Vuelve a pensar en tus miedos y piensa también en actividades que te permitirían afrontarlos de una manera gradual. Escribe a continuación tus pensamientos al respecto:

_____

_____

_____

_____

_____

_____

_____

_____

_____

HAZLO A PROPÓSITO

—*Entiendo la idea de la exposición —me dijo Julie mientras estábamos planificando las actividades con las que empezar—, pero ¿por qué tengo miedo de lo que ya estoy haciendo? Quiero decir, no es que no hable nunca en las reuniones grupales, y le comunico mis ideas al supervisor.*

—*¿Puedes hablarme de una ocasión reciente en la que hablaste en un encuentro grupal? —le pedí.*

—*Claro que sí. Kevin nos pidió a cada uno que informásemos sobre el estado actual de nuestro proyecto. Cuando llegó mi turno, estaba muy nerviosa, pero dije lo que tenía que decir y sentí que había hecho un buen trabajo.*

—*¿Es así normalmente? —le pregunté—. Cuando hablas dentro de un grupo ¿habitualmente lo haces porque tienes que hacerlo o lo haces de forma voluntaria?*

Reflexionó un momento y dijo:

—*Supongo que casi siempre hablo cuando realmente se espera que lo haga, solamente. Quiero decir, no suelo decir cosas inesperadas. Tendría miedo de que los demás pensaran que es una idea tonta y que debería habérmela guardado para mí.*

El ejemplo de Julie nos sirve de base para abordar una cuestión importante: la exposición tiene que ser intencionada para que sea máximamente efectiva. El hecho de plantar cara intencionadamente al deseo de evitar los propios miedos le manda un mensaje potente al cerebro: tal vez no tengamos que estar tan asustados. Después de todo, ¿cómo de terrible puede ser la situación si afrontamos el miedo deliberadamente? *Elegir* plantar cara a nuestros miedos es más efectivo que afrontarlos contra nuestra voluntad o contando con opciones limitadas. Por estas razones, nadie puede obligarnos a exponernos; por ejemplo, no se puede forzar a una persona a tocar una serpiente.

Piensa en ocasiones en las que te encontraste con algo temido sin que esa fuese tu intención. ¿En qué grado aliviaron tu miedo esos encuentros?

_____

_____

_____

_____

_____

_____

_____

_____

Hazlo todas las veces que sea necesario

—¡Lo he hecho! —me dijo Julie a la semana siguiente—. Salí con algunos de mis colegas y fue bastante bien. No ocurrió ninguno de los grandes desastres que temía.

—Maravilloso —dije—. ¿Qué has aprendido de esta experiencia?

—Bien, tal vez no debería estar tan nerviosa en estas situaciones. Pero como solo he salido con gente una vez, quizá he tenido suerte. Tal vez con otro grupo de personas, o con unos temas de conversación distintos, o si estuviese cansada, el resultado podría ser fatídico.

Como descubrió Julie, hacer algo una vez es un acto valiente, pero no terapéutico. El efecto terapéutico deriva de hacer una y otra vez estas actividades, hasta que empezamos a sentirnos más a gusto realizándolas.

Por lo general, nuestro sistema nervioso no deja de temer una situación dada tras afrontarla una vez, y hay una buena razón para ello. Probablemente todos hemos hecho algo peligroso en una ocasión y hemos salido airosos; justo después del suceso, nos dimos cuenta de la suerte que tuvimos. Son necesarias repeticiones para mitigar los miedos.

Además, las exposiciones repetidas tienen que estar relativamente próximas en el tiempo. Por ejemplo, muchas personas tienen miedo a volar. Si tienen familia lejos, tal vez vuelen una vez al año, por Navidad pongamos por caso. Efectuar una exposición, como volar, una vez al año no suele ser suficiente para que el grado de miedo cambie en absoluto. En contraste, volar varias veces sin que pase demasiado tiempo entre cada experiencia puede suponer una gran diferencia.

SOPORTA LA INCOMODIDAD

—¿Qué ha ocurrido esta semana cuando has salido con amigos del trabajo? —le pregunté a Julie.

—Hubo algunos momentos en los que realmente quise irme. Fui al lavabo y pensé que podría salir por la puerta de atrás y que probablemente nadie se daría cuenta.

—¿Qué te detuvo? —pregunté. Julie sonrió:

—Bueno, por una parte, sabía que tendríamos esta conversación, y no quería decir que había huido. Pero es que, además, estoy cansada de huir. He estado escapando de mis miedos, pero también estoy escapando de la vida. ¿Cómo voy a conocer alguna vez a alguien y a enamorarme si no puedo superar este miedo?

221

Al soportar la incomodidad, Julie descubrió que no tenía por qué huir cuando experimentaba dificultades. También vio que la ansiedad era algo que pasaba, como una ola. Anteriormente estuvo convencida de que su única opción para mitigar la angustia era escapar de la situación.

Al trabajar con nuestra jerarquía de actividades que nos producen ansiedad, es importante que permanezcamos en las situaciones el tiempo suficiente como para aprender algo nuevo. Si huimos a la primera señal de incomodidad, estaremos reforzando nuestro comportamiento evitativo y la creencia de que si no hubiésemos escapado las cosas se habrían puesto muy feas. Será magnífico si nuestro miedo se reduce durante la exposición, pero esto no tiene por qué ser así para que el ejercicio sea útil, como ha mostrado un estudio de investigación reciente de Michelle Craske y otros autores.

¿Hay situaciones de las que has escapado al experimentar un pico de ansiedad? ¿Qué crees que habría ocurrido si no te hubieses marchado?

_____

_____

_____

_____

_____

_____

PRESCINDE DE LAS MULETAS INNECESARIAS

«Me doy cuenta de que mucho de lo que he estado haciendo no era necesario —me dijo Julie—. Por ejemplo, siempre había pensado que tenía que escribir un borrador de lo que iba a decir en nuestras reuniones de equipo. Así lo hacía, y lo memorizaba lo mejor que podía. Pero a la hora de hablar o bien

leía lo que había escrito, lo cual no me hacía parecer muy dinámica, o bien trataba de recordarlo, y me ponía nerviosa si lo había olvidado».

Julie me explicó otras conductas que tenía con el fin de evitar que sus miedos se hiciesen realidad. Por ejemplo, cuando salía con amigos, prefería ir al cine a ir a cenar, para evitar la posibilidad de que se produjeran «silencios raros». Le pregunté qué había aprendido del hecho de prescindir de algunos de estos recursos.

«¡Me siento como Dumbo! —exclamó. La miré con curiosidad, y prosiguió—: Podía volar porque tenía unas orejas enormes, pero él creía que podía hacerlo gracias a la "pluma mágica" que le habían dado sus amigos. Todos esos apoyos eran mis "plumas mágicas" y, como Dumbo, creía que si se me caía la pluma estaba perdida, como cuando no podía recordar las palabras que había memorizado. Ahora puedo expresarme en una reunión y hacerlo lo mejor que puedo. Por el momento, me ha ido bien».

Esto de lo que hablaba Julie (sus «plumas mágicas») es lo que se conoce como *conductas de seguridad*, porque tienen por finalidad «protegernos» en situaciones en las que sentimos ansiedad. Pero, como descubrió Julie, la mayoría de las veces estos comportamientos no son necesarios, e incluso pueden ser contraproducentes. Por ejemplo, un hombre podría memorizar una lista de preguntas para hacerle a la persona con la que va a tener una cita en caso de que haya pausas en la conversación. Entonces, en lugar de mantener una conversación natural puede ser que interrumpa temas interesantes y formule una serie de preguntas incoherentes.

Aunque las conductas de seguridad no conduzcan a resultados negativos, pueden tener otro tipo de consecuencias no deseables: podemos decirnos a nosotros mismos que *las cosas podrían haber ido muy mal si no hubiésemos hecho eso*. De esta manera, nos impedimos aprender que podemos afrontar nuestros miedos sin necesidad de emplear muletas.

Piensa en las situaciones que te suscitan temor y en lo que haces (si es que haces algo) para evitar que suceda eso que temes. ¿Puede ser que algunos de estos actos sean conductas de seguridad innecesarias que podrías plantearte soltar? Anota a continuación lo que piensas al respecto:

_____

_____

_____

_____

_____

_____

_____

ACEPTA LA INCOMODIDAD Y LA INCERTIDUMBRE

—¿Cómo te ha ido la presentación? —le pregunté a Julie. Había trabajado con el elemento situado más arriba en su jerarquía de actividades angustiantes; concretamente, había realizado una presentación sobre el proyecto de su equipo delante de toda la empresa.

—Peor de lo que esperaba y, aun así, mejor de lo que esperaba —dijo. Y continuó—: Pensaba que solo estaría la gente de nuestra empresa. Pero antes del encuentro Kevin me llevó aparte y me dijo que también iba a ser una especie de espectáculo circense para inversores actuales y potenciales. Hasta ese momento no supe que básicamente iba a presentar un proyecto para obtener financiación, así que tuve más ansiedad de lo que esperaba: si hubiera habido un once en la escala, esa habría sido la ansiedad que sentí.

—¿Y cómo fue? —pregunté.

—Decidí abordarlo como una oportunidad y aceptar la ansiedad en lugar de tratar de alejarla. Además, ¿qué otra opción tenía? ¿No hacer la presentación? Por lo tanto, me dije: «Esta no es una situación cómoda para *mí, y no tengo ni idea de cómo irá. Veamos adónde me lleva esto». Y todo fue bien. Al principio estaba aterrada, pero me resultó más fácil a medida que proseguí. Al parecer tendremos nuevos inversores para el proyecto.*

Cuando hacemos lo que tememos, es casi seguro que nos sentiremos incómodos. Frente a ello, podemos resistirnos a dicha incomodidad o podemos elegir aceptarla. Cuando aceptamos que viviremos una situación atemorizante, el miedo tiene menos poder sobre nosotros. La situación será incómoda, ni mejor ni peor que eso. Solo incómoda.

Y de la misma manera que aceptamos la incomodidad, podemos aceptar la incertidumbre. En lugar de alejarnos de lo desconocido, podemos decirnos a nosotros mismos: «No sé qué pasará, pero estoy dispuesto a hacerlo de todos modos».

Cuando te estés enfrentando a tus miedos, ¿cómo puedes animarte a soportar la incomodidad inevitable y a aceptar la incertidumbre inherente? Estas son algunas cosas que puedes hacer:

- Recordarte que será duro y por qué estás dispuesto a hacerlo de todos modos.
- Promover una actitud de curiosidad hacia la experiencia: «Veamos qué ocurre».
- Tener presente qué fue lo que te motivó a plantar cara a tus miedos en primer lugar.
- Recordar que la incomodidad no dura para siempre.
- Acudir a tus fuentes de fortaleza.
- Saber que hay pocas cosas buenas que puedan obtenerse por medio de la evitación.

Escribe a continuación qué te recordarás a ti mismo cuando tengas la tentación de desistir de afrontar situaciones inciertas o incómodas:

_____

_____

_____

_____

_____

_____

_____

_____

_____

_____

¿Qué es la valentía?

> *La valentía no es la ausencia de miedo, sino el juicio de que hay algo más importante que el propio miedo.*
>
> Ambrose Redmoon

Adaptar la exposición a distintos tipos de miedos

Los principios generales de la terapia de exposición son aplicables a distintos tipos de ansiedad, pero podemos aumentar su eficacia al adaptarlos a determinados problemas.

FOBIAS ESPECÍFICAS

La exposición como tratamiento para las fobias específicas tiende a ser la más directa. En muchos casos, una sola sesión de exposición larga puede bastar como tratamiento. Por ejemplo, un estudio halló que unas dos horas de exposición condujeron a una mejoría duradera o incluso a la recuperación total en el noventa por ciento de los participantes. El protocolo también puede ser efectivo si no se cuenta con el apoyo de un terapeuta.

Las exposiciones para lidiar con fobias deberían permitirte poner a prueba los supuestos que albergas en cuanto a lo que ocurrirá cuando interactúes con la cosa o la situación que temes. Por ejemplo, si tienes miedo de quedarte atrapado en un ascensor, subirte a uno te permitirá poner a prueba esta predicción.

Si estás lidiando con una fobia, ¿qué crees que ocurrirá si te enfrentas a ella?

_____

_____

_____

_____

_____

_____

_____

_____

Ten presentes estas predicciones; te serán útiles cuando establezcas tu jerarquía de exposiciones más adelante en este capítulo.

TRASTORNO DE PÁNICO

La terapia de exposición puede jugar diversos papeles en la gestión del trastorno de pánico. Empezaremos con la técnica más sencilla: la respiración.

Respira relajadamente. La respiración está íntimamente conectada con el sistema nervioso. Cuando nos sentimos tranquilos y en calma, nuestra respiración tiende a ser lenta y estable. Cuando tenemos miedo, hacemos respiraciones rápidas y superficiales. Haz algunas respiraciones de este tipo ahora y percibe cómo te sientes. A continuación haz algunas respiraciones lentas y advierte qué ocurre.

Cuando tenemos ataques de pánico a menudo, tendemos a respirar de una manera que incrementa la excitación fisiológica y la ansiedad. Si respiramos de manera relajada unos cuantos minutos cada día, podremos reducir nuestro grado de estrés. Si estás trabajando para gestionar el pánico, dedica cinco minutos al día a respirar de esta manera:

1. **Inhala despacio mientras cuentas hasta cuatro.** Es más importante que la respiración sea *lenta* que no que sea *profunda*. Respira desde el vientre en la medida de lo posible, más que desde el pecho. La respiración desde el vientre se te irá dando mejor con la práctica.
2. **Exhala despacio mientras cuentas hasta cuatro.**
3. **Haz una pausa mientras cuentas hasta dos, tres o cuatro antes de volver a tomar aire.**

También puedes emplear esta técnica de respiración durante los ejercicios de exposición. Cuando nos encontramos frente a una situación difícil y nos preocupa la posibilidad de entrar en pánico, podemos tener la sensación de que no controlamos la situación. Pero algo que sí podemos controlar es dónde enfocar la atención, y podemos usar la respiración como punto focal a modo de apoyo para hacer frente a las dificultades.

Ten en cuenta que el objetivo de la respiración consciente, en este caso, es ayudarte a soportar la exposición, no liberarte de la ansiedad ni garantizar que no entrarás en pánico. Si utilizamos la respiración como medio para evitar el pánico, el efecto puede ser contraproducente y conducirnos a una mayor ansiedad. Recuerda que *el objetivo de centrarse en la respiración es centrarse en la respiración*.

Pon a prueba tus predicciones. Si padeces el trastorno de pánico, espero que a estas alturas hayas reevaluado algunas de las creencias que albergabas sobre el pánico. Por ejemplo, tal vez pensabas que los ataques de pánico podían conducir a la asfixia o a enloquecer, cuando en realidad estos ataques no son peligrosos; solo son muy angustiantes. Podemos seguir sometiendo a prueba nuestras creencias sobre el pánico realizando ejercicios de exposición.

¿Qué crees que ocurrirá si entras en pánico? ¿Te cuesta combatir estos miedos cuestionando tus pensamientos solamente? Por ejemplo, ¿esperas que suceda algo malo además de verte imbuido por el pánico?

_____

_____

_____

_____

_____

_____

_____

A la hora de diseñar tu jerarquía de exposiciones, piensa en las creencias que albergas y en cómo podrías ponerlas a prueba.

Afronta tu miedo al miedo. En el trastorno de pánico es habitual que temamos las reacciones del cuerpo que hemos asociado al pánico. Por ejemplo, tal vez tengamos miedo de los latidos acelerados porque nuestro corazón va más deprisa durante los episodios de pánico; en consecuencia, tal vez evitemos aquellas actividades que aceleran nuestro ritmo cardíaco, lo que refuerza aún más nuestro miedo.

Podemos provocar ciertos síntomas físicos con el fin de reducir la incomodidad que traen consigo. Este tipo de ejercicio se denomina *exposición interoceptiva*; en el recuadro se enumeran actividades habituales dentro de la exposición interoceptiva y los síntomas que suscitan.

ACTIVIDAD	SENSACIONES
Respirar a través de una pajita durante un minuto.	Sensaciones de asfixia.
Correr vigorosamente durante un minuto.	Corazón acelerado y que late con fuerza, dificultad para respirar.
Hacer diez respiraciones profundas con rapidez.	Hiperventilación, falta de sensibilidad en las extremidades, sensación de irrealidad.
Dar vueltas en una silla giratoria.	Mareo.

¿Has tenido miedo de sensaciones corporales en relación con el pánico? En caso afirmativo, ¿qué sensaciones físicas te resulta incómodo experimentar? Anótalas a continuación, junto con actividades que podrían producir estas sensaciones:

_____

_____

_____

_____

_____

_____

_____

_____

_____

_____

_____

_____

Si tienes miedo de las sensaciones físicas, incluye estas actividades en tu jerarquía:

Ábrete al pánico. El hecho de intentar no entrar en pánico suele tener el efecto paradójico de generar más pánico. En el caso de muchas personas, el antídoto más potente contra el pánico es estar dispuestas a experimentarlo. Algunas incluso tienen la actitud de invitarlo a acudir. Cuando estamos dispuestos a tener un ataque de pánico, tememos menos el pánico y es menos probable que tengamos un ataque de este tipo.

Estar dispuestos a suscitar efectos semejantes a los del pánico por medio de la exposición interoceptiva es coherente con esta actitud. También puedes practicar abrirte a determinados síntomas que experimentes. Por ejemplo, si tu corazón comienza a latir deprisa, deja que lo haga; incluso podrías estar dispuesto a que vaya más rápido. La mayoría de las personas con las que he trabajado encuentran bastante difícil esta práctica, porque es contraria a nuestro impulso natural de tratar de detener el pánico. Al mismo tiempo, casi todas la encuentran muy útil.

TRASTORNO DE ANSIEDAD SOCIAL

La TCC destinada a tratar el trastorno de ansiedad social incluye técnicas hechas a la medida del cliente destinadas a abordar los componentes cognitivos específicos de su trastorno.

Usar la exposición para poner a prueba las creencias

Julie temía que los asistentes se aburriesen terriblemente y estuviesen muy incómodos en el curso de su presentación. Trabajamos para identificar cómo sabría ella que los presentes tenían estas sensaciones: ¿qué harían? ¿En qué se diferenciarían sus comportamientos de los que tendrían frente a las otras personas que hablarían?

Durante su presentación, Julie se obligó a levantar la mirada y ver la respuesta del público, a pesar de su miedo a lo que podría ver. Tuvo una grata sorpresa cuando comprobó que sus compañeros de trabajo se comportaban como siempre. Algunos miraban el teléfono, otros escuchaban atentamente, otros asentían. El hecho de determinar con precisión lo que esperaba ver y, después, comparar lo que había predicho con lo que realmente sucedió le permitió poner a prueba sus creencias de una manera fiable. Llegó a la conclusión de que sus temores eran infundados en este caso y probablemente en otros.

Si vas a realizar exposiciones para combatir la ansiedad social, asegúrate de especificar qué temes que ocurrirá y cómo comprobarás si eso ocurrió, ya que es fácil que nos basemos en nuestras sensaciones viscerales para evaluar lo acontecido: si tendemos a experimentar mucha ansiedad social, pensaremos instintivamente que tuvimos un mal desempeño.

Piensa en una situación social que te suscite miedo y en lo que temes que podría ocurrir si la afrontases. ¿Qué exposición podrías llevar a cabo para poner a prueba tus predicciones?

_____

_____

_____

_____

_____

_____

_____

Prescindir de las conductas de seguridad

—*Estoy viendo que no tengo que hacer tanto como pensaba en las situaciones sociales —me dijo Julie—. Por ejemplo, cuando salía con amigos, todo el rato pensaba en qué diría a continuación. Me preocupaba mucho cualquier pausa rara que se produjera en la conversación.*

—*¿Cómo te ha ido al prescindir de algunos de estos comportamientos? —le pregunté.*

—*Bueno, al principio me sorprendió que la conversación no se detuviera en seco. Llevaba tanto tiempo haciendo eso que creía que era lo único que me separaba de esos terribles silencios. —Hizo una pausa—. Ahora siento como si realmente estuviera metida en la conversación. Antes el veinticinco por ciento de mi atención, aproximadamente, estaba centrada en la conversación, mientras que el setenta y cinco por ciento restante estaba centrada en mi cabeza, por lo que puedo decir que no escuchaba a la otra persona en realidad. Estaba demasiado enfocada en asegurarme de tener algo que decir.* Seguidamente me comentó que una de sus amigas le había dicho, hacía poco, que le gustaba mucho hablar con ella porque sabía escuchar muy bien. Julie comenzaba a ver que era una amiga valorada y no una persona que los demás querían evitar por tener unos comportamientos sociales extraños, como ella había supuesto.

Julie se encontró con que al deponer sus conductas de seguridad (página 223) era más capaz de ser ella misma y de estar más presente para los demás. Prescindir de este tipo de conductas es especialmente importante en el trastorno de ansiedad social porque pueden perjudicar nuestras habilidades sociales y llevarnos a creer que no podemos manejarnos bien si no hacemos eso. Estos son otros ejemplos de conductas de seguridad que adoptan quienes padecen el trastorno de ansiedad social:

- Mantener las manos en los bolsillos para que los demás no las vean temblar.
- Ensayar demasiado lo que se va a decir antes de hablar.
- Hacer muchas preguntas para evitar hablar de uno mismo.
- Acudir al alcohol para relajarse en las situaciones sociales.

Si padeces ansiedad social, ¿puedes identificar algunas de las conductas de seguridad que manifiestas en las situaciones sociales? ¿Cuáles crees que son las ventajas de tener estas conductas? ¿Y los inconvenientes?

_____

_____

_____

_____

_____

_____

Dirigir la atención hacia fuera

Mientras Julie se preparaba para llevar a cabo sus exposiciones, hablamos de dónde ponía la atención en las situaciones sociales:

—Normalmente, estoy pendiente de cómo me estoy manejando. Si presto atención a la otra persona, suele ser para intentar ver si la estoy haciendo sentir incómoda. —Se rio—. Esta es probablemente la razón por la que nunca

recuerdo el nombre de la gente cuando me la presentan. ¡Estoy ocupada tratando de ver si la otra persona piensa que soy rara!

Profundizamos en el tema y Julie se dio cuenta de que el hecho de centrarse en sí misma solo incrementaba su ansiedad, lo cual acentuaba su timidez, y esto hacía que su ansiedad fuese aún mayor.

—¿Qué pasaría si dejaras de enfocarte en ti misma durante las conversaciones? —le pregunté.

—No lo sé —dijo—. Tal vez me iría mejor. Pero también me preocupa actuar de maneras extrañas, que los demás se sientan incómodos y no darme cuenta.

Aceptó la práctica de dejar de centrarse en sí misma en sus interacciones sociales y ver qué pasaba.

Se puede considerar que el hecho de estar centrado en uno mismo es un tipo de conducta de seguridad. Y, al igual que las otras conductas de seguridad, es probable que no nos ayude y que tenga efectos perjudiciales.

Cuando te encuentras en situaciones sociales incómodas, ¿hasta qué punto pones la atención en ti mismo y en la imagen que estás dando y hasta qué punto la pones en la otra persona? Si te has dado cuenta de que te enfocas mucho en ti mismo, ¿qué consecuencias has visto que tiene esta conducta?

_____

_____

_____

_____

_____

_____

_____

_____

235

En el curso de tus exposiciones destinadas a combatir la ansiedad social, lleva a cabo la práctica de retirar la atención de ti mismo y lo que puedan estar pensando de ti los demás. Puedes elegir centrarte en la persona con la que estás hablando y lo que está diciendo, o puedes elegir *estar presente en* la conversación, el discurso, etc., en lugar de *monitorear* cómo te estás desempeñando.

TRASTORNO DE ANSIEDAD GENERALIZADA (TAG)

La mayoría de los miedos en los que nos hemos centrado hasta ahora han tenido que ver con cosas que no es probable que sucedan (por ejemplo, que se estrelle el avión en el que viajamos) o que no serían tan fatídicas como pensamos (por ejemplo, que nos sonrojemos delante de un grupo). Cuando la ansiedad está asociada a unas preocupaciones, la base del miedo es la falta de control que tenemos sobre aquello que más nos importa.

Por ejemplo, nos preocupa la seguridad de nuestros hijos, o la posibilidad de perder a nuestros padres, o la estabilidad laboral, o sufrir un accidente de coche importante; todo aquello que implicaría una decepción, un sufrimiento o una pérdida tremendos. Aunque no cumplamos todos los requisitos para que se nos diagnostique el TAG, casi todos nosotros nos preocupamos más de lo necesario por cuestiones que no podemos controlar.

¿Te preocupas repetidamente por asuntos diversos? En caso afirmativo, escribe a continuación algunas de tus preocupaciones:

_____

_____

_____

_____

_____

_____

_____

_____

_____

La preocupación como evitación. Es difícil establecer una jerarquía de exposiciones para las preocupaciones, ya que, por definición, la ansiedad del trastorno de ansiedad generalizada no está limitada a un conjunto específico de objetos o situaciones. Además, la evitación puede no ser tan evidente como en problemas como el trastorno de pánico o las fobias específicas. De todos modos, existe una versión de la exposición que puede ser útil para combatir la preocupación y la evitación *cognitiva* (el esfuerzo por expulsar de la mente ciertos miedos) que forman parte del TAG.

El mismo acto de preocuparse puede ser un intento (habitualmente no intencionado) de evitar pensar en sucesos realmente inquietantes que podrían acontecer. Por ejemplo, si nos aterra la perspectiva de perder el empleo y quedarnos sin techo, nuestra mente podría aferrarse a preocupaciones relativas a cuestiones sobre las que tenemos un mayor control, como llegar a la hora al trabajo. Si tenemos miedo de perder a nuestros envejecidos padres, tal vez centremos nuestra preocupación en asegurarnos de que toman la medicación. Con ello, la mente hace todo lo que puede para alejar unas imágenes realmente terribles: estar sin hogar, enterrar a un padre y otras perspectivas espantosas.

El problema que tiene esforzarse por sacar contenidos de la mente es que tienden a regresar más a menudo. En un estudio clásico que llevaron a cabo Daniel Wegner y otros investigadores se pidió a los participantes que no pensaran en un oso blanco durante un lapso de cinco minutos. Por supuesto, cuanto más intentaron no pensar en el oso, más a menudo lo hicieron.

Aceptar lo que tememos. Cuando huimos de lo que nos da miedo, el efecto puede ser que eso nos parezca peor que malo. El hecho de enfrentarnos a nuestras preocupaciones directamente puede hacer que sean menos amenazadoras. Por lo tanto, el antídoto para evitar pensar en nuestros miedos es pensar en ellos a propósito. Cuando nos preocupa que se produzcan determinados sucesos negativos, podemos llevar a cabo la práctica de exponernos mentalmente a la posibilidad de que ocurra eso que tememos.

Por ejemplo, si me preocupa la posibilidad de ponerme enfermo y perderme un maravilloso viaje en familia que estoy esperando con ilusión, esta preocupación puede llevarme a pensar en todo lo que puedo hacer para evitar enfermar: lavarme las manos, dormir lo suficiente, evitar el contacto con personas enfermas, etc. Al preocuparme por estas cuestiones más mundanas, alejo el pensamiento de que podría perderme el viaje.

Sin embargo, por más que me esfuerce no puedo garantizar mi participación en el viaje. En consecuencia, mi mente seguirá preguntando «¿y si te pones enfermo?» a medida que se acerca el momento de partir. En este caso, podría practicar la aceptación de la posibilidad de que ocurra lo que temo. Podría decirme a mí mismo: «Es posible que me ponga enfermo y me pierda el viaje, y que esté muy triste por no estar con mi familia en esta ocasión tan especial».

Si nos decimos que podría suceder lo que tememos, lo más probable será que al principio se incremente la ansiedad. Pero si seguimos con la práctica de responder con aceptación a las preocupaciones, estas dejarán de ser tan incisivas y no nos molestarán tanto.

Si eres proclive a preocuparte por lo que es difícil de controlar, ¿qué frases podrían ayudarte a practicar la aceptación de la incertidumbre en relación con lo que temes?

_____

_____

_____

_____

_____

_____

_____

Vivir en un futuro imaginario. Cuando nos preocupamos por sucesos que podrían acontecer, como perder la salud o a nuestros seres queridos, tal vez nos sintamos como si eso ya hubiese ocurrido. Entonces sufrimos muchas veces, incluso antes de que se produzca la situación difícil.

Por ejemplo, si nos obsesionamos con la imagen de nosotros mismos atrapados en un asilo de ancianos, solos y deprimidos, pasaremos mucho tiempo sintiéndonos mal por algo que podría no suceder nunca.

¿Puedes recordar una ocasión reciente en la que estabas tan preocupado por algo que sentiste como si eso ya estuviera sucediendo? En caso afirmativo, relata tu experiencia a continuación:

_____

_____

_____

_____

_____

_____

_____

_____

Me gusta asociar la aceptación de la posibilidad de que lo que nos preocupa pueda pasar con el *regreso al presente*, a lo que realmente está pasando. De esta forma, ni huimos de nuestras preocupaciones ni les damos más espacio del que se merecen.

Cuando te des cuenta de que te estás preocupando, practica el reconocimiento de que eso que temes podría ocurrir. Seguidamente, vuelve a situar la atención en lo que estuvieras haciendo. Podría resultarte útil enfocarte en las experiencias sensoriales: lo que ves, oyes, hueles, saboreas o percibes por medio del tacto.

Recuerda que el objetivo al regresar al presente no es evitar los miedos, sino implicarnos más plenamente con lo que es real en nuestra vida.

Crea tu propia jerarquía

Ha llegado el momento de que elabores tu propia jerarquía de exposiciones. Si lo prefieres, puedes escribirla en una hoja de cálculo para que los elementos sean fáciles de ordenar según el grado de dificultad. Si prefieres utilizar papel y bolígrafo, rellena la tabla que se incluye en este mismo apartado.

Repasa las notas que has tomado a lo largo de este capítulo para definir los elementos que formarán parte de tu jerarquía. Ten en cuenta que no es necesario que seas capaz de ejecutar en estos momentos todas las exposiciones que incluyas. A medida que avances, las más difíciles empezarán a parecerte más factibles.

Básate en las pautas siguientes para establecer la escala de ansiedad. Ten presente que los números en sí no son muy importantes; su objetivo es permitirnos ordenar las actividades según su grado de dificultad.

0 = Ausencia de angustia
5 = Difícil pero manejable
10 = La mayor angustia que he sentido nunca

La hoja correspondiente a esta actividad incluye recordatorios de los puntos clave que harán que tus exposiciones sean efectivas. También incluye espacios adicionales al final, para que puedas añadir otros recordatorios si quieres. Por ejemplo, podrías anotar qué es más importante que tu miedo.

JERARQUÍA DE EXPOSICIONES

ACTIVIDAD	GRADO DE ANGUSTIA (0–10)

Recordatorios:
- La ansiedad disminuye cuando la afrontamos.
- Trabaja con tu jerarquía de forma progresiva y sistemática.
- Soporta la incomodidad.

- Prescinde de las muletas innecesarias y de las conductas de seguridad.
- Acepta la incomodidad y la incertidumbre.
- _____
- _____
- _____

Puedes encontrar esta hoja en línea, en inglés, para descargarla, en www.downloads.callistomediabooks.com/cbt/ («Exposure Hierarchy»).

Planifica las actividades que deseas realizar

Examina tu jerarquía de exposiciones. ¿Cuál sería una buena manera de empezar? Proponte comenzar con actividades difíciles pero manejables. Querrás tener éxito, así que elige actividades que estés seguro de poder realizar. Si has escrito algunas a las que has puesto un 1 o un 2, podrías elegir otras un poco más difíciles para aprovechar tu tiempo al máximo. Si prefieres disponer las actividades de más fácil a más difícil, reordénalas en otra hoja.

Elige dos o tres actividades que creas que puedes realizar esta semana y anótalas a continuación:

Actividad 1:

_____

Actividad 2:

_____

Actividad 3:

Como en el caso de todas las actividades que te propones realizar, determina cuándo ejecutarás cada una de ellas e incorpóralas a tu agenda.

Si has planificado llevar a cabo actividades que te producen temor, este es un gran día: ¡estás en camino de vencer tus miedos!

Ya has trabajado con seis módulos de este tratamiento autodirigido. Te felicito por todo el trabajo que has realizado. La próxima semana repasaremos todo lo que has hecho y juntaremos todas las piezas. Tendrás la oportunidad de hacer balance del camino que has recorrido, los progresos que has efectuado y el trabajo que te queda por hacer.

Por ahora, tómate unos minutos para reflexionar acerca de cómo te sientes en esta sexta semana del programa. ¿Qué te parece lo más relevante de este capítulo dedicado a afrontar los miedos? Anota tus pensamientos y sentimientos al respecto en el espacio que sigue:

_____

_____

_____

_____

_____

_____

_____

_____

_____

_____

_____

_____

_____

_____

_____

PLAN DE ACTIVIDADES

1. Sigue realizando las actividades que tienes programadas (entre las que apuntaste en la hoja «Valores y actividades» de la segunda semana, en la página 102).

2. Lleva el control de tus actividades durante tres días sirviéndote de la hoja «Actividades diarias», en la página 88.

3. Toma conciencia de tus pensamientos, sobre todo cuando experimentes una oleada de emociones negativas, y rellena la hoja «Cuestiona tus pensamientos», en la página 152, siempre que sea necesario.

4. Sigue realizando tareas de la quinta semana.

5. Ejecuta las primeras actividades de tu jerarquía de exposiciones dentro de los lapsos de tiempo que has previsto.

6. Reserva tiempo ahora para lo que deberás hacer la próxima semana.

Juntar todas las piezas

Llegados a este punto, ya hemos abordado todos los temas incluidos en este manual de trabajo. La mayor parte de este capítulo estará dedicada a integrar todas las piezas y también se presentará un plan para seguir adelante más allá de la séptima semana.

La semana anterior nos centramos en maneras de domar los miedos; trabajamos progresivamente con un plan para enfrentarnos a ellos. Antes de hablar de la mejor manera de integrar todas las piezas, veamos cómo te ha ido desde que te embarcaste en el proceso.

Si trabajaste en el afrontamiento de tus miedos a lo largo de la semana pasada, tómate unos minutos para reflexionar sobre cómo te ha ido. ¿Qué fue bien en tus exposiciones? ¿Con qué tuviste dificultades?

_____

_____

_____

_____

_____

_____

_____

_____

_____

Si lo pasaste mal con las exposiciones que habías planificado, no te desanimes: muchas personas tienen dificultades al principio, pero la inmensa mayoría acaban por manejarse muy bien. Repasa los principios que hacen que las exposiciones sean efectivas y elige un punto de partida más abordable. También podrías recordarte qué te impulsó a plantar cara a tu miedo: ¿por qué vale la pena afrontar estas dificultades?

_____

_____

_____

_____

_____

_____

En parte, tu plan de actividades de la última semana incluyó llevar el control de estas durante tres días. Echa un vistazo a tus hojas de actividades diarias correspondientes a dicha semana y compáralas con las que rellenaste entre la primera y la segunda semana. ¿Qué diferencias adviertes? ¿Ha cambiado la cantidad de actividad general? Examina también las columnas «Disfrute» e «Importancia» de estas hojas. ¿Adviertes algún cambio? Escribe tus observaciones a continuación:

_____

_____

_____

_____

_____
_____
_____
_____
_____
_____
_____

Sigue realizando las actividades que constan en tu lista, repasando la segunda semana según sea necesario.

Has prestado atención a lo que te ha dicho la mente durante las últimas cuatro semanas. ¿Qué utilidad le encuentras a esta estrategia?

_____
_____
_____
_____
_____

A lo largo de la última semana, ¿has advertido pensamientos que te ha parecido especialmente importante examinar detenidamente? En caso afirmativo, expón a continuación estos pensamientos y tu proceso de cuestionamiento de ellos:

_____
_____
_____
_____

_____

_____

¿Te estás encontrando con dificultades reiteradas a la hora de reconocer y abordar tus patrones de pensamiento problemáticos? En caso afirmativo, expón a continuación cuáles son:

_____

_____

_____

_____

_____

_____

Sigue repasando las semanas tercera y cuarta según sea necesario, para abordar problemas que surjan y para consolidar el material.

¿Cómo te fue a lo largo de la última semana la ejecución de las tareas que programaste?

_____

_____

_____

_____

_____

_____

Si te ha seguido costando realizar las tareas, ¿por qué ha sido? ¿Qué se ha interpuesto en tu camino?

_____

_____

_____

_____

_____

_____

Puedes repasar el material de la quinta semana según necesites para abordar las dificultades que aún tengas en este terreno. Acuérdate de seguir el plan a rajatabla, sobre todo si te cuesta realizar las tareas.

Echar la vista atrás

«La primera vez que vine aquí pensaba que me estaba volviendo loco. Todo parecía derrumbarse y me sentía como si me estuviera ahogando». John había terminado la parte más exigente de su tratamiento y habíamos decidido reducir nuestros encuentros a uno cada tres semanas. Como medida preparatoria, examinamos cómo le había ido con el programa hasta el momento. Cuando me llamó para hablar sobre las opciones de tratamiento, me sonaba su nombre pero no sabía de qué. Luego me di cuenta de que lo había visto escrito en la flota de camionetas de fontanería que recorría los barrios residenciales. La ansiedad de John había crecido paralelamente a su negocio, al darse cuenta de que no solo era responsable de su propia familia, sino también de las familias de sus empleados.
Cada día escuchaba con temor el contestador automático del trabajo, temiendo una llamada sobre algún gran desastre de fontanería del que su empresa sería responsable. Cada vez estaba pasando más tiempo en el trabajo; durante

gran parte de ese tiempo se preocupaba en lugar de realizar tareas productivas. Se sentía muy mal por estar tan poco en casa y no estar tan presente como querría como padre y como marido. Cuando estaba en casa, rara vez se encontraba ahí mentalmente, pues tenía la cabeza en el trabajo. Había dejado de pasar tiempo con el grupo de buenos amigos que tenía desde la escuela primaria y había dejado de hacer ejercicio y leer por placer. En nuestra primera sesión, me dijo: «Me paso la mayor parte del tiempo trabajando, preocupándome por el trabajo y sintiéndome culpable por trabajar».

Estos fueron los objetivos que definió John a partir de su situación vital:

- *Encontrar un equilibrio entre la vida laboral y la vida familiar.*
- *Preocuparme menos por lo que no puedo controlar.*
- *Ser más productivo en el trabajo.*
- *Encontrar tiempo para actividades que me aporten alegría.*

Al principio de este programa de siete semanas, examinaste cómo te iban las cosas en distintas áreas de tu vida. A partir de ahí, definiste unos objetivos específicos hacia los que dirigirte. Echa un vistazo a tu lista de objetivos ahora. Piensa en los progresos que has hecho en relación con cada uno de ellos y escribe a continuación tus impresiones al respecto:

_____

_____

_____

_____

_____

_____

Más adelante, en este capítulo, hablaremos de cómo puedes seguir avanzando hacia la consecución de tus objetivos.

John y yo nos basamos en el marco de la TCC para comprender su situación. Al principio del tratamiento, sus pensamientos, sus emociones y sus conductas estaban operando en su contra en un círculo vicioso:

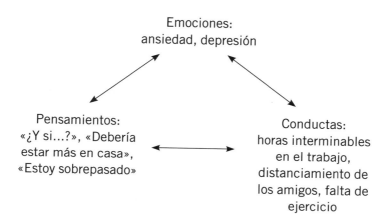

La ansiedad y la depresión de John fueron el origen de sus conductas (el aislamiento, la falta de ejercicio, etc.), las cuales, a su vez, agravaron sus síntomas. De la misma manera, sus pensamientos y sus síntomas se reforzaron entre sí, y lo mismo hicieron sus pensamientos y sus conductas.

Empezamos con la activación conductual: buscamos actividades que combatieran la falta de compensaciones que estaba obteniendo de la vida, su aislamiento social y el agravamiento de la depresión.

A continuación dedicamos varias sesiones a examinar sus pensamientos; vimos que no solo no lo ayudaban sino que, además, a menudo no se correspondían con la realidad. Por ejemplo, se comparaba desfavorablemente con su padre, un electricista autónomo prestigioso que nunca pareció estar muy estresado. John se dio cuenta de que su padre tuvo muchos menos compromisos económicos que él y de que trabajó en una época en la que el coste de la vida era mucho más bajo. También tomó conciencia de que probablemente su padre experimentaba más estrés del que él apreciaba siendo un niño, de la misma manera que ahora, probablemente, sus hijos no eran conscientes del estrés que sufría.

253

En las últimas sesiones nos enfocamos en la gestión del tiempo y las tareas. Trabajamos para que John invirtiera su tiempo de una forma más productiva, de tal manera que pudiese dedicar el mayor tiempo posible a lo que le importaba, que era, sobre todo, estar con la familia y los amigos. Finalmente, se enfrentó a sus miedos, que tenían que ver, sobre todo, con que algo fuera muy mal en el trabajo y su familia se viese abocada a la ruina económica.

«Creo que lo más importante fue que retomé lo que me encanta hacer —dijo John—. Tengo la impresión de que podría haber cambiado mi forma de pensar y haberme vuelto más eficaz en el trabajo, pero si no estoy disfrutando mi vida, ¿qué sentido tiene?».

John halló que el hecho de modificar su forma de pensar quitó de en medio el obstáculo que se interponía entre él y las actividades que le gustaban: «Antes me decía que lo lamentaría si no estuviese disponible cuando algo fuese mal en el trabajo. Pero me he dado cuenta de que no puedo vivir toda la vida esperando a que revienten las tuberías de otras personas. Lo único que podría lamentar verdaderamente sería no haber disfrutado mi tiempo en la Tierra».

Dentro de la labor de examinar tus primeros pasos en este programa y el trabajo que has realizado desde entonces, regresemos al modelo de la TCC y veamos cómo encajan las piezas:

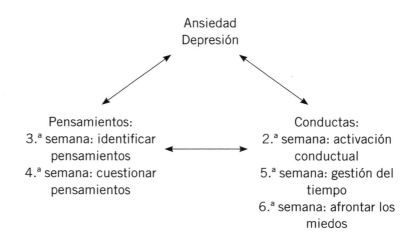

Ansiedad
Depresión

Pensamientos:
3.ª semana: identificar
pensamientos
4.ª semana: cuestionar
pensamientos

Conductas:
2.ª semana: activación
conductual
5.ª semana: gestión del
tiempo
6.ª semana: afrontar los
miedos

Piensa en las experiencias que has tenido con cada parte del programa. A continuación, reflexiona sobre aquello de lo que has sacado más partido. ¿Con qué partes te has manejado mejor? Escribe tus reflexiones al respecto:

_____

_____

_____

_____

_____

_____

Le pregunté a John qué cambios había visto en las últimas semanas. Y me contó una historia: «La semana pasada estaba en mi despacho, en casa, y entró mi hija de cuatro años. Estaba buscando cinta adhesiva o algo y no se dio cuenta de que yo estaba ahí. Cuando me vio, vi que asomaba algo de miedo en sus ojos y empezó a retroceder para salir de la habitación. Se había acostumbrado a que estuviera tenso e irritable cuando estaba trabajando, así que debí de sorprenderla cuando sonreí. Entonces, corrió hacia mí y me dio un abrazo. La levanté y hablamos durante unos minutos. Sentí que realmente la estaba viendo y escuchando por primera vez hasta donde alcanzaba a recordar, sin que hubiese una neblina de temor y preocupación nublándolo todo. A continuación bajó, dijo "adiós, papá" y retomó sus juegos. —La voz de John vaciló y los ojos se le llenaron de lágrimas—. Después, no pude evitar llorar. Pensé: "¿Qué es más importante que poder dar amor a mis hijos?". Una sensación de ligereza sustituyó a la sensación de pesadez que había sentido hasta ese momento. Ahora no me tomo todo tan en serio, y de hecho creo que hago mejor las cosas».

Piensa en las últimas seis semanas. ¿Hay algún suceso que destaque que te haga sentir que estás avanzando en la dirección correcta? Podría tratarse de algo que ocurrió en el trabajo o con tu familia o tus amigos. Podría ser un gran avance o algo sutil. Escribe sobre el suceso a continuación. ¿Qué sientes cuando piensas en este evento?

_____

_____

_____

_____

_____

_____

En el transcurso de nuestra conversación sobre lo que le había funcionado a John, señalé que los progresos que estaba viendo no habían ocurrido sin más, sino que derivaban de cambios que había efectuado en su forma de pensar y actuar. Teniendo en cuenta esto, le pregunté qué había hecho, concretamente, para sentirse mejor. Juntos, obtuvimos esta lista:

- *Pasar más tiempo con los amigos.*
- *Confiar en mis empleados y ser menos controlador en el trabajo (difícil).*
- *Hacer ejercicio con regularidad.*
- *Estar centrado en mi familia cuando estoy con ella.*
- *Vigilar mis pensamientos.*

No todas las personas encuentran igual de útiles las mismas partes del programa de la TCC; es algo que depende de las dificultades y las necesidades de cada cual. Cuando piensas en los cambios positivos que has experimentado, ¿qué ha sido, específicamente, lo que te ha resultado más útil?

_____

_____

_____

_____

_____

_____

John también se dio cuenta de que había áreas con las que aún tenía dificultades. Le costaba no caer en la preocupación cuando surgía una situación problemática en el trabajo. También era fácil que se saltase las sesiones de ejercicio. Aunque no se encontraba exactamente en el punto en el que querría encontrarse en todos los ámbitos, confiaba en poder utilizar sus nuevas herramientas para seguir avanzando hacia el cumplimiento de sus objetivos.

Por más que trabajemos con el programa de la TCC, ninguno de nosotros alcanzamos nuestros objetivos perfectamente o sentimos que todo el trabajo está hecho. ¿En qué ámbitos quieres que sigan produciéndose cambios?

_____

_____

_____

_____

¿Cuáles de las herramientas de estas seis semanas podrían serte útiles para seguir avanzando en estas áreas?

_____

_____

_____

_____

Mirar hacia delante

«Incluso después de todo el trabajo que he hecho en los últimos meses me vienen oleadas de ansiedad y preocupación —dijo John—. Pero son más manejables. Es casi como si sintiera menos ansiedad al saber que tengo una manera de gestionarla».

Basándonos en lo que había encontrado útil, John y yo establecimos un plan para que pudiese seguir avanzando. Identificó cinco factores principales que lo habían llevado a sentirse mejor y los organizó en un plan para el bienestar. Eligió disponer los cinco factores en un pentágono, por lo que su plan presentaba este aspecto:

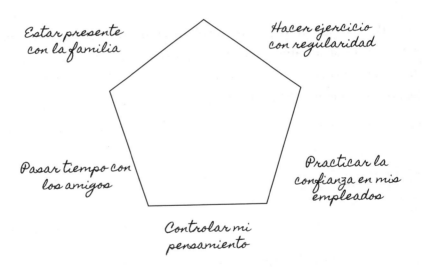

Estar presente
con la familia

Hacer ejercicio
con regularidad

Pasar tiempo con
los amigos

Practicar la
confianza en mis
empleados

Controlar mi
pensamiento

Puso una lista de recordatorios debajo de cada una de sus intenciones. Por ejemplo, esta fue la lista de elementos que incluyó debajo de «Estar presente con la familia»:

- No estar comprobando el teléfono móvil todo el rato.
- Centrarme en la persona con la que estoy hablando.

- *Redirigir los pensamientos cuando se vayan hacia el trabajo innecesariamente.*

- *Ocuparme de los asuntos del trabajo de tal manera que no interfieran en la vida familiar.*

John hizo una fotocopia de su plan para llevarlo encima con el fin de consultarlo, sobre todo cuando tuviera dificultades para seguirlo.

RESUMEN DE LO QUE FUNCIONA EN TU CASO

Todos necesitamos recordatorios de aquello que pretendemos hacer. Piensa de nuevo en los cambios más útiles que has experimentado. ¿Qué tendrás que recordar para seguir sintiéndote bien y para abordar cualquier dificultad que pueda presentarse en el futuro? Utiliza el espacio que sigue para resumir tu plan. (Si necesitas más espacio, escribe en el apartado «Notas», al final del libro). Siéntete libre de ser creativo en tu forma de organizar las ideas. Lo importante es que sientas como algo propio lo que establezcas.

_____

_____

_____

_____

Me sorprende lo fácil que es dejar de lado las actividades que nos hacen sentir bien. Por ejemplo, si no tengo cuidado, es fácil que prescinda del ejercicio. Los cambios que se producen en nuestra vida también pueden afectar a nuestro bienestar de maneras que quizá no reconocemos al principio, como cuando tenemos amigos que se mudan y perdemos, así, una fuente de apoyo importante.

Cuando nuestro estado de ánimo decae o nuestra ansiedad aumenta, podemos consultar el plan que establecimos. Al repasar los diversos factores, podemos identificar aquellos en los que tenemos que centrarnos para volver a sentirnos lo mejor posible. Proponte consultar el resumen una vez a la semana por lo menos y siempre que necesites recordar qué es lo que te ayuda a sentirte bien.

AFRONTAR DESAFÍOS FUTUROS

Hacia el final de nuestra sesión, le hice a John una pregunta importante: ¿qué podría ocurrir que pudiese suponer para él un retroceso relevante si no se anduviese con cuidado? Su respuesta no se hizo esperar: «Que uno de mis mejores hombres decidiese irse. La última vez que sucedió, estuve destrozado durante semanas. Tuve que sustituirlo yo mismo mientras encontraba a alguien que ocupara su lugar, lo cual generó tensiones en casa. Y todo el proceso de tratar de encontrar a alguien en quien poder confiar me pone muy nervioso. El solo hecho de pensar en eso ahora me hace sentir ansiedad. ¿Y si no puedo encontrar a alguien o elijo a una persona que no es buena? ¡Hay tantos interrogantes!».

La pregunté a John de qué herramientas disponía ahora que tal vez no tenía antes. «Bueno, ahora sé cómo puedo lidiar con la ansiedad, lo cual lo cambia todo. Y puedo recordarme a mí mismo que debo aceptar la incertidumbre, así como enfocarme en lo que puedo controlar. Porque sé que, al final, todo irá bien. —La cara se le iluminó un poco—. De hecho, creo que [el suceso inquietante] me pondría muy a prueba: "¿De veras he aprendido todo esto?"».

Como hizo John, piensa en algún suceso vital que podría resultarte perturbador. ¿Hay eventos posibles, tal vez incluso inevitables, para los que deberías prepararte? ¿Qué herramientas te ayudarán a afrontarlos?

_____

_____

_____

_____

_____

_____

MINDFULNESS

Una de las herramientas más útiles para mantener el bienestar es la práctica de centrar la atención en el presente y estar abierto a la experiencia tal como se da. De hecho, este enfoque está implícito a lo largo del libro; por ejemplo, en la práctica de aprender a tolerar la incertidumbre y a aceptarnos a nosotros mismos con nuestras fallas. Incluso el hecho de reconocer los pensamientos como tales, y no como la verdad absoluta, se inscribe dentro de esta práctica.

El concepto de mindfulness o atención plena hace referencia a esta forma de vivir centrada en el presente y carente de juicios. Un artículo publicado en 2011 en _Clinical Psychology Review_ concluyó que la formación en mindfulness protege fuertemente a las personas que padecen episodios depresivos de forma recurrente contra las recaídas que pueden acontecer tras un tratamiento de TCC.

Por ejemplo, un estudio de 2004 de Ma y Teasdale halló que los índices de recaída eran más de un cincuenta por ciento inferiores entre personas que habían recibido la TCC basada en el mindfulness que en aquellas que habían recibido otros tipos de terapia. No podemos realizar un examen exhaustivo del mindfulness dentro del ámbito de esta obra, pero podrías informarte y ver si podría serte de utilidad. He incluido la referencia de algunos libros centrados en esta herramienta en el apartado «Recursos» (página 269) para que puedas empezar.

OBJETIVOS ADICIONALES

Tras varias semanas de tratamiento, John se dio cuenta de que había otros ámbitos de su vida en los que quería trabajar, en los que no había pensado antes. Por ejemplo, se había distanciado un poco de su mujer y quería hablar de esto con ella en un futuro cercano. También vio que llevaba tanto tiempo durmiendo mal que había dejado de advertirlo. Decidió hablar de estos temas en la consulta y abordarlos con las herramientas de TCC que tenía a su disposición.

Muchas veces ocurre que, habiendo aprendido técnicas de TCC, comenzamos a ver otras áreas de nuestra vida en las que podríamos aplicarlas. Sacarnos de encima lo peor de la ansiedad y la depresión puede dejar espacio para otros temas en los que trabajar. Por ejemplo, podríamos decidir abordar cuestiones relacionadas con la profesión, la espiritualidad, las relaciones, el consumo de sustancias, el sueño, etc.

¿Has pensado en otros objetivos desde que empezaste este programa? En caso afirmativo, escríbelos a continuación. De otro modo, sigue enfocándote en los objetivos que definiste antes de iniciar el tratamiento.

_____

_____

_____

_____

_____

_____

_____

_____

Despedida

Se me hace raro despedirme de alguien a quien no conozco (probablemente), pero aun así no quiero dejar de hacerlo. Hemos avanzado juntos por las páginas de este libro: yo las he escrito y tú has hecho el trabajo. Ahora que ha llegado el momento de separarnos, quiero agradecerte que me hayas dado la oportunidad de trabajar contigo. Espero que la depresión o la ansiedad te parezcan más manejables ahora y que te sientas más conectado a tus cualidades, tus seres queridos y tu experiencia.

También quiero decirte que puedes esperar encontrarte con dificultades a pesar de todo. Ningún libro ni ninguna cantidad de trabajo acabarán con toda tu ansiedad ni te librarán de los altibajos asociados al hecho de estar vivo. En este contexto, pienso a menudo en una cita del libro *Narciso y Goldmundo*, de Hermann Hesse. Uno de los personajes dice que no hay ninguna paz «que viva permanentemente en nosotros y que nunca nos abandone. Solo existe la paz que debemos ganarnos una y otra vez, cada día de nuestra vida».

Si encuentras lo que funciona para ti y aprendes a ser, en cierto modo, tu propio terapeuta, podrás hallar esta paz tan a menudo como precises.

CONSIDERACIONES FINALES

Has llegado al final de este programa de siete semanas. Sin duda, has trabajado mucho en pos de tus objetivos. Espero que te sientas bien con la labor que has llevado a cabo y los progresos que has efectuado. Cambiar nuestros pensamientos y conductas implica trabajar duro.

Tómate unos minutos para ver cómo te está yendo. ¿Qué sientes al reflexionar sobre las últimas semanas? ¿Qué piensas cuando contemplas las próximas semanas y meses?

_____

_____

_____

_____

_____

_____

_____

_____

_____

_____

_____

_____

_____

_____

_____

_____

_____

PLAN DE ACTIVIDADES

1. Si estás practicando el afrontamiento de tus miedos, sigue trabajando con actividades cada vez más exigentes dentro de la jerarquía que estableciste con esta finalidad.

2. Sigue practicando las otras técnicas que hayas encontrado útiles.

3. Regresa a los capítulos relevantes según lo necesites.

4. Consulta el apartado «Recursos», al final de este libro, para encontrar más herramientas.

Las próximas siete semanas

La aplicación de lo que has aprendido y qué hacer si aún tienes dificultades

Hace algunos años estaba siguiendo una terapia física para una lesión deportiva y me sorprendieron los abundantes paralelismos entre la terapia física (TF) y la TCC. Como en la TCC, en la TF hay que trabajar duro y hay que soportar la incomodidad para llegar a un punto mejor. Asimismo, la TF proporciona un plan estructurado, como la TCC, para recuperar la salud y la funcionalidad, y el trabajo entre las sesiones es igual de importante en la terapia para el cuerpo que en la terapia para la mente.

Los dos tipos de terapia también se parecen en el hecho de que los problemas que nos llevaron a buscar tratamiento rara vez se resuelven del todo en el curso de la terapia. Buscamos signos de avance para tener la certeza de que los ejercicios que estamos haciendo están funcionando. Si estamos avanzando en la buena dirección, es probable que estemos practicando los ejercicios correctos. En la TF, una vez finalizado el proceso terapéutico evitamos recaer en la lesión al perseverar en una serie de ejercicios.

Ahora que has finalizado este programa, las próximas siete semanas son cruciales para que sigas yendo en una dirección positiva. Si has realizado progresos significativos durante la ejecución del programa, es posible que puedas reducir parte del trabajo de la

TCC más enfocado al pasar a la fase de mantenimiento. Por ejemplo, tal vez no necesitarás ser tan estricto con la programación de actividades o el control de los pensamientos.

A la vez, deberás estar atento a maneras sutiles en las que podrías perder terreno. Ten cuidado, especialmente, de no caer en la evitación, que es poderosamente adictiva. Y, si bien no quiero que sientas que tus progresos son frágiles, debo decirte que es importante que estés atento a cualquier señal de retroceso, para que puedas emplear las herramientas de las que dispones cuando sea necesario. Cuando tengas dudas durante las próximas siete semanas (y más allá), opta por ceñirte a las prácticas que te han llevado a estar mejor. Acuérdate de consultar tu plan personal, el cual resume lo que debes hacer para sentirte bien.

Cuándo consultar con un profesional

Si no crees que este programa te haya ayudado, ya sea porque no te ha parecido pertinente para abordar tus problemas, ya sea porque no has podido seguirlo a pesar de tus esfuerzos, puede ser una buena idea que busques ayuda profesional. Si bien hay muchas personas que pueden sacar partido de un libro como este sin contar con el apoyo de un terapeuta, otras necesitan un alto grado de atención.

El apartado «Recursos» del final de este libro contiene sitios web en los que puedes encontrar los terapeutas de TCC más cercanos a ti (si vives en Estados Unidos). También puedes pedirle a tu médico de familia que te recomiende uno. Es esencial que sientas que trabajas bien con tu terapeuta; por lo tanto, proponte encontrar uno con el que sintonices.

Sea cual sea el punto en el que te encuentres ahora que has acabado de seguir el programa, te animo a que sigas avanzando hacia la vida que quieres. Te deseo lo mejor en esta andadura.

Recursos

Recursos en línea

Acude a los recursos siguientes para saber más, para obtener ayuda profesional y para profundizar en tratamientos y técnicas.

ANSIEDAD Y DEPRESIÓN

Anxiety and Depression Association of America (ADAA) ('asociación de ansiedad y depresión de Estados Unidos')

https://adaa.org/understanding-anxiety

La web de la ADAA habla de lo que distingue la ansiedad y la depresión normales de un trastorno, proporciona datos estadísticos sobre estos problemas y contiene información sobre el trastorno obsesivo-compulsivo (TOC) y el trastorno de estrés postraumático (TEPT).

National Institute of Mental Health (NIMH) ('instituto nacional de la salud mental')

Ansiedad: www.nimh.nih.gov/health/topics/anxiety-disorders

Depresión: www.nimh.nih.gov/health/topics/depression

Estos sitios web describen los síntomas habituales de la depresión y la ansiedad, presentan factores de riesgo y tratamientos e indican cómo encontrar ensayos clínicos en los que participar como sujeto (hay que ser estadounidense para poder participar en un ensayo). También incluyen enlaces a folletos y hojas informativas.

El NIMH contiene abundante información en castellano, en estos enlaces:

Información general y enlaces a información más específica y recursos: https://www.nimh.nih.gov/health/topics/espanol

Folletos y hojas informativas sobre la ansiedad: https://www.nimh.nih.gov/health/publications/espanol/anxiety-disorders-listing

Folletos y hojas informativas sobre la depresión: https://www.nimh.nih.gov/health/publications/espanol/depression-listing

ENCONTRAR AYUDA

Association for Behavioral and Cognitive Therapies (ABCT) ('asociación para terapias conductuales y cognitivas')

Esta es la principal organización profesional de terapeutas de TCC de Estados Unidos. Su página web es https://www.abct.org. En el apartado **Get Help** ('obtén ayuda') (https://www.abct.org/get-help/) se tratan temas como la práctica basada en las evidencias, las opciones de tratamiento y lo que hay que tener en cuenta a la hora de elegir un terapeuta. En www.findcbt.org se pueden **buscar terapeutas de TCC** por código ZIP, especialidad y seguros aceptados.

Society of Clinical Psychology (SCP) ('sociedad de psicología clínica')

Tratamientos respaldados por estudios: https://div12.org/psychological-treatments/

La SCP es la división 12 de la American Psychological Association, y contiene una lista de tratamientos psicológicos respaldados por estudios. Se pueden realizar búsquedas por tratamiento y problema psicológico.

GRUPOS DE APOYO

Anxiety and Depression Association of America (ADAA) ('asociación de ansiedad y depresión de Estados Unidos')

https://adaa.org/supportgroups

La ADAA proporciona información sobre grupos de apoyo que hay en los diversos estados de Estados Unidos (y algunos más allá de este territorio y también grupos que se reúnen en Internet), e incluye información de contacto con estos grupos.

National Alliance on Mental Illness (NAMI) ('alianza nacional sobre enfermedades mentales')

www.nami.org/Support-Education

El sitio web de la NAMI ofrece maneras de encontrar apoyo a quienes padecen un trastorno psicológico o a sus allegados. Hay muchos recursos adicionales disponibles en este sitio web, incluidos enlaces a afiliados a la NAMI locales. Dentro de Estados Unidos, pueden encontrarse grupos de apoyo disponibles en castellano.

Libros

Muchos de los libros que incluyo aquí se encuentran en la lista Books of Merit ('libros de mérito') de la Association for Behavioral and Cognitive Therapies, lo que significa que exponen tratamientos basados en conclusiones sólidas de estudios. Puedes ver la lista completa en www.abct.org/sh-books.

DEPRESIÓN Y ANSIEDAD

Davis, Martha, Elizabeth Robbins Eshelman y Matthew McKay. *The Relaxation and Stress Reduction Workbook*, 6.ª edición.

Ellis, Albert y Robert A. Harper (2017). *Una nueva guía para una vida racional*. Barcelona, España: Obelisco.

Otto, Michael y Jasper Smits. *Exercise for Mood and Anxiety: Proven Strategies for Overcoming Depression and Enhancing Well-Being*.

DEPRESIÓN

Addis, Michael E. y Christopher R. Martell. *Overcoming Depression One Step at a Time: The New Behavioral Activation Approach to Getting Your Life Back*.

Burns, David D. (2012). *El manual de ejercicios para sentirse bien*. Barcelona, España: Paidós Ibérica.

Greenberger, Dennis y Christine A. Padesky. (2016). *El control de tu estado de ánimo: cambia lo que sientes, cambiando como piensas*, 2.ª edición. Barcelona, España: Paidós Ibérica.

Joiner, Thomas Jr. y Jeremy Pettit. *The Interpersonal Solution to Depression: A Workbook for Changing How You Feel by Changing How You Relate*.

ANSIEDAD

Antony, Martin M. y Peter J. Norton. *The Anti-Anxiety Workbook*.

Antony, Martin M. y Richard P. Swinson. *The Shyness and Social Anxiety Workbook: Proven Techniques for Overcoming Your Fears*.

Carbonell, David. *Panic Attacks Workbook: A Guided Program for Beating the Panic Trick*.

Clark, David A. y Aaron T. Beck (2016). *Manual práctico para la ansiedad y las preocupaciones: la solución cognitiva conductual*. Bilbao, España: Desclée De Brouwer.

Cooper, Hattie C. *Thriving with Social Anxiety: Daily Strategies for Overcoming Anxiety and Building Self-Confidence*.

Hope, Debra A., Richard G. Heimberg y Cynthia L. Turk. *Managing Social Anxiety: A Cognitive-Behavioral Therapy Approach: Workbook*, 2.ª edición.

Leahy, Robert L. *The Worry Cure: Seven Steps to Stop Worry from Stopping You.*

Reinecke, Mark. *Little Ways to Keep Calm and Carry On: Twenty Lessons for Managing Worry, Anxiety, and Fear.*

Robichaud, Melisa y Michel J. Dugas. *The Generalized Anxiety Disorder Workbook: A Comprehensive CBT Guide for Coping with Uncertainty, Worry, and Fear.*

Tolin, David. *Face Your Fears: A Proven Plan to Beat Anxiety, Panic, Phobias, and Obsessions.*

Tompkins, Michael A. *Anxiety and Avoidance: A Universal Treatment for Anxiety, Panic, and Fear.*

White, Elke Zuercher. *An End to Panic: Breakthrough Techniques for Overcoming Panic Disorder.*

MINDFULNESS

Germer, Christopher K. *The Mindful Path to Self-Compassion: Freeing Yourself from Destructive Thoughts and Emotions.*

Kabat-Zinn, Jon (2004). *Vivir con plenitud las crisis: cómo utilizar la sabiduría del cuerpo y de la mente para afrontar el estrés, el dolor y la enfermedad.* Barcelona, España: Kairós.

Orsillo, Susan M. y Lizabeth Roemer (2014). *Vivir la ansiedad con conciencia: libérese de la preocupación y recupere su vida.* Bilbao, España: Desclée De Brouwer.

Teasdale, John D., Zindel V. Segal, Mark Williams y Jon Kabat-Zinn (2010). *Vencer la depresión: descubre el poder de las técnicas del mindfulness.* Barcelona, España: Paidós Ibérica.

Referencias

Abramson, Lyn Y., Gerald I. Metalsky y Lauren B. Alloy (abril de 1989). «Hopelessness Depression: A Theory-Based Subtype of Depression». *Psychological Review*, 96 (2), 358-372. DOI: 10.1037/0033-295X.96.2.358.

American Psychiatric Association (2018). *DSM-5. Manual diagnóstico y estadístico de los trastornos mentales*. España: Editorial Panamericana.

Antony, Martin M. (2013). «Behavior Therapy». En *Current Psychotherapies*, 10.ª edición, editado por Danny Wedding y Raymond J. Corsini, pp. 193-230. Salt Lake City (Utah), EUA: Brooks/Cole Publishing.

Asmundson, Gordon J. G., Mathew G. Fetzner, Lindsey B. DeBoer, Mark B. Powers, Michael W. Otto y Jasper AJ Smits (abril de 2013). «Let's Get Physical: A Contemporary Review of the Anxiolytic Effects of Exercise for Anxiety and Its Disorders». *Depression and Anxiety*, 30 (4), 362-373. DOI: 10.1002/da.22043.

Association for Behavioral and Cognitive Therapies. «ABCT Fact Sheets: Guidelines for Choosing a Therapist». Consultado el 20 de junio de 2016 en http://www.abct.org/Information/?m=mInformation&fa=fs_GUIDELINES_CHOOSING.

_____«How It All Began». Consultado el 20 de junio de 2016 en http://www.abct.org/About/?m=mAbout&fa=History.

Barth, Jürgen, Martina Schumacher y Christoph Herrmann-Lingen (noviembre/diciembre de 2004). «Depression as a Risk Factor for Mortality in Patients with Coronary Heart Disease: A Meta-Analysis».

Psychosomatic Medicine, 66 (6), 802-813. DOI: 10.1097/01.psy.0000 146332.53619.b2.

Be, Daniel, Mark A. Whisman y Lisa A. Uebelacker (diciembre de 2013). «Prospective Associations Between Marital Adjustment and Life Satisfaction». *Personal Relationships*, 20 (4), 728-739. DOI: 10.1111/pere.12011.

Beck, Aaron T. (octubre de 1963). «Thinking and Depression: I. Idiosyncratic Content and Cognitive Distortions». *Archives of General Psychiatry*, 9 (4), 324-333. DOI: 10.1001/archpsyc.1963.01720160014002.

_____(mayo de 1970). «Cognitive Therapy: Nature and Relation to Behavior Therapy». *Behavior Therapy*, 1 (2), 184-200. DOI: 10.1016/S0005-7894(70)80030-2.

_____(1979). *Cognitive Therapy and the Emotional Disorders*. Nueva York, EUA: Penguin Books.

_____(agosto de 2008). «The Evolution of the Cognitive Model of Depression and Its Neurobiological Correlates». *American Journal of Psychiatry*, 165 (8), 969-977. DOI: 10.1176/appi.ajp.2008.08050721.

Beck, Aaron T., A. John Rush, Brian F. Shaw y Gary Emery (2012). *Terapia cognitiva de la depresión*. 20.ª edición. Bilbao, España: Desclée De Brouwer.

Beck, Aaron T. y David J. A. Dozois (2011). «Cognitive Therapy: Current Status and Future Directions». *Annual Review of Medicine*, 62, 397-409. DOI: 10.1146/annurev-med-052209-100032.

Beck, Judith S. (2011). *Terapia cognitiva: conceptos básicos y profundización*. Barcelona, España: Gedisa.

Borkovec, Thomas D., Oscar M. Alcaine y Evelyn Behar. (2004). «Avoidance Theory of Worry and Generalized Anxiety Disorder». En *Generalized Anxiety Disorder: Advances in Research and Practice*, editado por Richard G. Heimberg, Cynthia L. Turk y Douglas S. Mennin, pp. 77-108. Nueva York, EUA: Guilford Press.

Butler, Andrew C., Jason E. Chapman, Evan M. Forman y Aaron T. Beck (enero de 2006). «The Empirical Status of Cognitive-Behavioral Therapy: A Review of Meta-Analyses». *Clinical Psychology Review*, 26 (1), 17-31. DOI: 10.1016/j.cpr.2005.07.003.

Chu, Brian C., Daniela Colognori, Adam S. Weissman y Katie Bannon (noviembre de 2009). «An Initial Description and Pilot of Group Behavioral Activation Therapy for Anxious and Depressed Youth». *Cognitive and Behavioral Practice*, 16 (4), 408-419. DOI: 10.1016/j.cbpra.2009.04.003.

Cole-King, A., y K. G. Harding (marzo-abril de 2001). «Psychological Factors and Delayed Healing in Chronic Wounds». *Psychosomatic Medicine*, 63 (2), 216-220. DOI: 10.1.1.570.3740.

Cooney, Gary M., Kerry Dwan, Carolyn A. Greig, Debbie A. Lawlor, Jane Rimer, Fiona R. Waugh, Marion McMurdo y Gillian E. Mead. (2013). «Exercise for Depression». *Cochrane Database of Systematic Reviews*, n.º 9, art. n.º CD004366. DOI: 10.1002/14651858.CD004366.pub6.

Cooper, Andrew A., Alexander C. Kline, Belinda P. M. Graham, Michele Bedard-Gilligan, Patricia G. Mello, Norah C. Feeny y Lori A. Zoellner. (2016). «Homework "Dose", Type, and Helpfulness as Predictors of Clinical Outcomes in Prolonged Exposure for PTSD». *Behavior Therapy*. DOI: 10.1016/j.beth.2016.02.013.

Craske, Michelle G. y David H. Barlow. (2006). *Mastery of Your Anxiety and Panic: Workbook*, 4.ª edición. Nueva York, EUA: Oxford University Press.

Craske, Michelle G., Katharina Kircanski, Moriel Zelikowsky, Jayson Mystkowski, Najwa Chowdhury y Aaron Baker (enero de 2008). «Optimizing Inhibitory Learning During Exposure Therapy». *Behaviour Research and Therapy*, 46 (1), 5-27. DOI: 10.1016/j.brat.2007.10.003.

Cuijpers, Pieter (junio de 1997). «Bibliotherapy in Unipolar Depression: A Meta-Analysis». *Journal of Behavior Therapy and Experimental Psychiatry*, 28 (2), 139-147. DOI: 10.1016/S0005-7916(97)00005-0.

Cuijpers, Pim, Tara Donker, Annemieke van Straten, J. Li y Gerhard Andersson (diciembre de 2010). «Is Guided Self-Help as Effective as Face-to-Face Psychotherapy for Depression and Anxiety Disorders? A Systematic Review and Meta-Analysis of Comparative Outcome Studies». *Psychological Medicine*, 40 (12), 1943-1957. DOI: 10.1017/S0033291710000772.

Dimidjian, Sona, Steven D. Hollon, Keith S. Dobson, Karen B. Schmaling, Robert J. Kohlenberg, Michael E. Addis, Robert Gallop *et al.* (agosto de 2006). «Randomized Trial of Behavioral Activation, Cognitive Therapy, and Antidepressant Medication in the Acute Treatment of Adults With Major Depression». *Journal of Consulting and Clinical Psychology*, 74 (4), 658-670. DOI: 10.1037/0022-006X.74.4.658.

Division 12 of the American Psychological Association. «Research-Supported Psychological Treatments». Consultado el 20 de junio de 2016 en https://www.div12.org/psychological-treatments.

Doering, Lynn V., Debra K. Moser, Walter Lemankiewicz, Cristina Luper y Steven Khan (julio de 2005). «Depression, Healing and Recovery From Coronary Artery Bypass Surgery». *American Journal of Critical Care*, 14 (4), 316-324. DOI: 10.1.1.607.8304.

Dugas, Michel J., Pascale Brillon, Pierre Savard, Julie Turcotte, Adrienne Gaudet, Robert Ladouceur, Renée Leblanc y Nicole J. Gervais (marzo de 2010). «A Randomized Clinical Trial of Cognitive-Behavioral Therapy and Applied Relaxation for Adults with Generalized Anxiety Disorder». *Behavior Therapy*, 41 (1), 46-58. DOI: 10.1016/j.beth.2008.12.004.

The Economist. «Air Safety: A Crash Course in Probability». Consultado el 21 de junio de 2016 en http://www.economist.com/blogs/gulliver/2015/01/air-safety.

Egan, Gerard (1998). *The Skilled Helper*, 6.ª edición. Pacific Grove (California), EUA: Brooks/Cole.

Ellis, Albert (2009). *Razón y emoción en psicoterapia.* Bilbao, España: Desclée De Brouwer.

_____(2001). *Overcoming Destructive Beliefs, Feelings, and Behaviors: New Directions for Rational Emotive Behavior Therapy.* Amherst (Nueva York), EUA: Prometheus Books.

Ellis, Albert y Catherine MacLaren. (2005). *Rational Emotive Behavior Therapy: A Therapist's Guide*, 2.ª edición. Atascadero (California), EUA: Impact Publishers.

Epicteto (2007). *Enquiridión.* España: José J. de Olañeta, editor.

Epperson, C. Neill, Meir Steiner, S. Ann Hartlage, Elias Eriksson, Peter J. Schmidt, Ian Jones y Kimberly A. Yonkers (mayo de 2012). «Premenstrual Dysphoric Disorder: Evidence for a New Category for DSM-5». *American Journal of Psychiatry*, 465-475. DOI: 10.1176/appi. ajp.2012.11081302.

Eysenck, Hans Jurgen (1960). *Behaviour Therapy and the Neuroses.* Oxford, RU: Pergamon.

Fernie, Bruce A., Marcantonio M. Spada, Ana V. Nikčević, George A. Georgiou y Giovanni B. Moneta (2009). «Metacognitive Beliefs About Procrastination: Development and Concurrent Validity of a Self-Report Questionnaire». *Journal of Cognitive Psychotherapy*, 23 (4), 283-293. DOI: 10.1891/0889-8391.23.4.283.

Foa, Edna B. y Michael J. Kozak (enero de 1986). «Emotional Processing of Fear: Exposure to Corrective Information». *Psychological Bulletin*, 99 (1), 20-35. DOI: 10.1037/0033-2909.99.1.20.

Francis, Kylie y Michel J. Dugas (julio de 2004). «Assessing Positive Beliefs About Worry: Validation of a Structured Interview». *Personality and Individual Differences*, 37 (2), 405-415. DOI: 10.1016/j. paid.2003.09.012.

Freud, Sigmund (1949). *An Outline of Psycho-Analysis.* Nueva York, EUA: W. W. Norton and Company.

Gawrysiak, Michael, Christopher Nicholas y Derek R. Hopko (julio de 2009). «Behavioral Activation for Moderately Depressed University Students: Randomized Controlled Trial». *Journal of Counseling Psychology*, 56 (3), 468-475. DOI: 10.1037/a0016383.

Gellatly, Judith, Peter Bower, Sue Hennessy, David Richards, Simon Gilbody y Karina Lovell (septiembre de 2007). «What Makes Self-Help Interventions Effective in the Management of Depressive Symptoms? Meta-Analysis and Meta-Regression». *Psychological Medicine*, 37 (9), 1217-1228. DOI: 10.1017/S0033291707000062.

Gillihan, Seth J., E. A. Hembree y E. B. Foa (2012). «Behavior Therapy: Exposure Therapy for Anxiety Disorders». En *The Art and Science of Brief Psychotherapies: An Illustrated Guide*, editado por Mantosh J. Dewan, Brett N. Steenbarger y Roger P. Greenberg, pp. 83-120. Arlington (Virginia), EUA: American Psychiatric Publishing.

Gillihan, Seth J. y Edna B. Foa (2015). «Exposure-Based Interventions for Adult Anxiety Disorders, Obsessive-Compulsive Disorder, and Post-traumatic Stress Disorder». En *The Oxford Handbook of Cognitive and Behavioral Therapies*, editado por Christine Maguth Nezu y Arthur M. Nezu, pp. 96-117. Nueva York, EUA: Oxford University Press.

Gillihan, Seth J., Monnica T. Williams, Emily Malcoun, Elna Yadin y Edna B. Foa (octubre de 2012). «Common Pitfalls in Exposure and Response Prevention (EX/RP) for OCD». *Journal of Obsessive-Compulsive and Related Disorders*, 1 (4), 251-257. DOI: 10.1016/j.jocrd.2012.05.002.

Goldfried, Marvin R. y Gerald C. Davison (1994). *Clinical Behavior Therapy*. Nueva York, EUA: John Wiley and Sons.

Haaga, David A., Murray J. Dyck y Donald Ernst (septiembre de 1991). «Empirical Status of Cognitive Theory of Depression». *Psychological Bulletin*, 110 (2), 215-236. DOI: 10.1037/0033-2909.110.2.215.

Hallion, Lauren S. y Ayelet Meron Ruscio (noviembre de 2011). «A Meta-Analysis of the Effect of Cognitive Bias Modification on Anxiety and

Depression». *Psychological Bulletin*, 137 (6), 940-958. DOI: 10.1037/a0024355.

Hellström, Kerstin y Lars-Göran Öst (noviembre de 1995). «One-Session Therapist Directed Exposure vs Two Forms of Manual Directed Self-Exposure in the Treatment of Spider Phobia». *Behaviour Research and Therapy*, 33 (8), 959-965. DOI: 10.1016/0005-7967(95)00028-V.

Hesse, Hermann (2015). *Narciso y Goldmundo*, traducido por Luis Tobío. Barcelona, España: Edhasa.

Hirai, Michiyo y George A. Clum (junio de 2006). «A Meta-Analytic Study of Self-Help Interventions for Anxiety Problems». *Behavior Therapy*, 37 (2), 99-111. DOI: 10.1016/j.beth.2005.05.002.

Hofmann, Stefan G., Anu Asnaani, Imke JJ Vonk, Alice T. Sawyer y Angela Fang (octubre de 2012). «The Efficacy of Cognitive Behavioral Therapy: A Review of Meta-Analyses». *Cognitive Therapy and Research*, 36 (5), 427-440. DOI: 10.1007/s10608-012-9476-1.

Hollon, Steven D., Robert J. DeRubeis, Richard C. Shelton, Jay D. Amsterdam, Ronald M. Salomon, John P. O'Reardon, Margaret L. Lovett *et al.* (abril de 2005). «Prevention of Relapse Following Cognitive Therapy vs Medications in Moderate to Severe Depression». *Archives of General Psychiatry*, 62 (4), 417-422. DOI: 10.1001/archpsyc.62.4.417.

Homero. *The Odyssey*, libro XII, traducido por Samuel Butler. Consultado el 23 de junio de 2016 en http://classics.mit.edu/Homer/odyssey.12.xii.html.

Hopko, Derek R., C. W. Lejuez y Sandra D. Hopko (enero de 2004). «Behavioral Activation as an Intervention for Coexistent Depressive and Anxiety Symptoms». *Clinical Case Studies*, 3 (1), 37-48. DOI: 10.1177/1534650103258969.

Kaufman, Joan, Bao-Zhu Yang, Heather Douglas-Palumberi, Shadi Houshyar, Deborah Lipschitz, John H. Krystal y Joel Gelernter (diciembre de 2004). «Social Supports and Serotonin Transporter Gene Moderate Depression in Maltreated Children». *Proceedings of the National*

Academy of Sciences of the United States of America, 101 (49), 17316-17321. DOI: 10.1073/pnas.0404376101.

Kazantzis, Nikolaos, Craig Whittington y Frank Dattilio (junio de 2010). «Meta Analysis of Homework Effects in Cognitive and Behavioral Therapy: A Replication and Extension». *Clinical Psychology: Science and Practice*, 17 (2), 144-156. DOI: 10.1111/j.1468-2850.2010.01204.x.

Kazdin, Alan E. (marzo de 1990). «Evaluation of the Automatic Thoughts Questionnaire: Negative Cognitive Processes and Depression Among Children». *Psychological Assessment: A Journal of Consulting and Clinical Psychology*, 2 (1), 73-79. DOI: 10.1037/1040-3590.2.1.73.

Keeley, Mary L., Eric A. Storch, Lisa J. Merlo y Gary R. Geffken (enero de 2008). «Clinical Predictors of Response to Cognitive-Behavioral Therapy for Obsessive-Compulsive Disorder». *Clinical Psychology Review*, 28 (1), 118-130. DOI: 10.1016/j.cpr.2007.04.003.

Kessler, Ronald C., Patricia Berglund, Olga Demler, Robert Jin, Doreen Koretz, Kathleen R. Merikangas, A. John Rush, Ellen E. Walters y Philip S. Wang (junio de 2003). «The Epidemiology of Major Depressive Disorder: Results from the National Comorbidity Survey Replication (NCS-R)». *Journal of the American Medical Association*, 289 (23), 3095-3105. DOI: 10.1001/jama.289.23.3095.

Kessler, Ronald C., Patricia Berglund, Olga Demler, Robert Jin, Kathleen R. Merikangas y Ellen E. Walters (junio de 2005). «Lifetime Prevalence and Age-of-Onset Distributions of DSM-IV Disorders in the National Comorbidity Survey Replication». *Archives of General Psychiatry*, 62 (6), 593-602. DOI: 10.1001/archpsyc.62.6.593.

Kessler, Ronald C., Wai Tat Chiu, Olga Demler y Ellen E. Walters (junio de 2005). «Prevalence, Severity, and Comorbidity of 12-month DSM-IV Disorders in the National Comorbidity Survey Replication». *Archives of General Psychiatry*, 62 (6), 617-627. DOI: 10.1001/archpsyc.62.6.617.

Kessler, Ronald C., Wai Tat Chiu, Robert Jin, Ayelet Meron Ruscio, Katherine Shear y Ellen E. Walters (abril de 2006). «The Epidemiology of Panic Attacks, Panic Disorder, and Agoraphobia in the National Comorbidity Survey Replication». *Archives of General Psychiatry*, 63 (4), 415-424. DOI: 10.1001/archpsyc.63.4.415.

Kessler, Ronald C., Maria Petukhova, Nancy A. Sampson, Alan M. Zaslavsky y Hans Ullrich Wittchen (septiembre de 2012). «Twelve Month and Lifetime Prevalence and Lifetime Morbid Risk of Anxiety and Mood Disorders in the United States». *International Journal of Methods in Psychiatric Research*, 21 (3), 169-184. DOI: 10.1002/mpr.1359.

Kessler, Ronald C., Ayelet Meron Ruscio, Katherine Shear y Hans-Ulrich Wittchen (2009). «Epidemiology of Anxiety Disorders». En *Behavioral Neurobiology of Anxiety and Its Treatment*, editado por Murray B. Stein y Thomas Steckler, pp. 21-35. Heidelberg, Alemania: Springer.

Kroenke, Kurt, Robert L. Spitzer y Janet B. W. Williams (septiembre de 2001). «The PHQ 9». *Journal of General Internal Medicine*, 16 (9), 606-613. DOI: 10.1046/j.1525-1497.2001.016009606.x.

Krogh, Jesper, Merete Nordentoft, Jonathan A. C. Sterne y Debbie A. Lawlor (2011). «The Effect of Exercise in Clinically Depressed Adults: Systematic Review and Meta-Analysis of Randomized Controlled Trials». *The Journal of Clinical Psychiatry*, 72 (4), 529-538. DOI: 10.4088/JCP.08r04913blu.

Ladouceur, Robert, Patrick Gosselin y Michel J. Dugas (septiembre de 2000). «Experimental Manipulation of Intolerance of Uncertainty: A Study of a Theoretical Model of Worry». *Behaviour Research and Therapy*, 38 (9), 933-941. DOI: 10.1016/S0005-7967(99)00133-3.

Lazarus, Arnold A. (1976). *Multimodal Behavior Therapy*. Nueva York, EUA: Springer Publishing Company.

Leary, Mark R. y Sarah Meadows (febrero de 1991). «Predictors, Elicitors, and Concomitants of Social Blushing». *Journal of Personality and Social Psychology*, 60 (2), 254-262. DOI: 10.1037/0022-3514.60.2.254.

Lejuez, C. W., Derek R. Hopko, Ron Acierno, Stacey B. Daughters y She-rry L. Pagoto (marzo de 2011). «Ten Year Revision of the Brief Be-havioral Activation Treatment for Depression: Revised Treatment Manual». *Behavior Modification*, 35 (2), 111-161. DOI: 10.1177/0145445510390929.

Liu, Xinghua, Sisi Wang, Shaochen Chang, Wenjun Chen y Mei Si (agosto de 2013). «Effect of Brief Mindfulness Intervention on Tolerance and Dis-tress of Pain Induced by Cold-Pressor Task». *Stress and Health*, 29 (3), 199-204. DOI: 10.1002/smi.2446.

Löwe, Bernd, Kurt Kroenke, Wolfgang Herzog y Kerstin Gräfe (julio de 2004). «Measuring Depression Outcome with a Brief Self-Re-port Instrument: Sensitivity to Change of the Patient Health Ques-tionnaire (PHQ-9)». *Journal of Affective Disorders*, 81 (1), 61-66. DOI: 10.1016/S0165-0327(03)00198-8.

Ma, S. Helen y John D. Teasdale (febrero de 2004). «Mindfulness-Based Cognitive Therapy for Depression: Replication and Exploration of Differential Relapse Prevention Effects». *Journal of Consulting and Cli-nical Psychology*, 72 (1), 31-40. DOI: 10.1037/0022-006X.72.1.31.

Martin, Alexandra, Winfried Rief, Antje Klaiberg y Elmar Braehler (enero-febrero de 2006). «Validity of the Brief Patient Health Questionnai-re Mood Scale (PHQ-9) in the General Population». *General Hospital Psychiatry*, 28 (1), 71-77. DOI: 10.1016/j.genhosppsych.2005.07.003.

McClatchy, Steve (2014). *Decídete: trabaja mejor, reduce el estrés y lidera mediante el ejemplo*. Taller del Éxito.

McLean, Carmen P., Anu Asnaani, Brett T. Litz y Stefan G. Hofmann (agos-to de 2011). «Gender Differences in Anxiety Disorders: Prevalen-ce, Course of Illness, Comorbidity and Burden of Illness». *Journal of Psychiatric Research*, 45 (8), 1027-1035. DOI: 10.1016/j.jpsychi-res.2011.03.006.

McManus, Freda, David M. Clark y Ann Hackmann (julio de 2000). «Specificity of Cognitive Biases in Social Phobia and Their Role in

Recovery». *Behavioural and Cognitive Psychotherapy*, 28 (3), 201-209. DOI: 10.1017/S1352465800003015.

Medco Health Solutions, Inc. «America's State of Mind Report». Consultado el 21 de junio de 2016 en http://apps.who.int/medicinedocs/documents/s19032en/s19032en.pdf.

Mitchell, Matthew D., Philip Gehrman, Michael Perlis y Craig A. Umscheid (mayo de 2012). «Comparative Effectiveness of Cognitive Behavioral Therapy for Insomnia: A Systematic Review». *BMC Family Practice*, 13, 1-11. DOI: 10.1186/1471-2296-13-40.

Moscovitch, David A. (mayo de 2009). «What Is the Core Fear in Social Phobia? A New Model to Facilitate Individualized Case Conceptualization and Treatment». *Cognitive and Behavioral Practice*, 16 (2), 123-134. DOI: 10.1016/j.cbpra.2008.04.002.

Naragon-Gainey, Kristin (enero de 2010). «Meta-Analysis of the Relations of Anxiety Sensitivity to the Depressive and Anxiety Disorders». *Psychological Bulletin*, 136 (1), 128-150. DOI: 10.1037/a0018055.

Nolen-Hoeksema, Susan, Blair E. Wisco y Sonja Lyubomirsky (septiembre de 2008). «Rethinking Rumination». *Perspectives on Psychological Science*, 3 (5), 400-424. DOI: 10.1111/j.1745-6924.2008.00088.x.

Okajima, Isa, Yoko Komada y Yuichi Inoue (enero de 2011). «A Meta-Analysis on the Treatment Effectiveness of Cognitive Behavioral Therapy for Primary Insomnia». *Sleep and Biological Rhythms*, 9 (1), 24-34. DOI: 10.1111/j.1479-8425.2010.00481.x.

Öst, Lars-Göran (1989). «One-Session Treatment for Specific Phobias». *Behaviour Research and Therapy*, 27 (1), 1-7. DOI: 10.1016/0005-7967(89)90113-7.

Pavlov, Ivan P. (noviembre de 1906). «The Scientific Investigation of the Psychical Faculties or Processes in the Higher Animals». *Science*, 24 (620), 613-619. DOI: 10.1126/science.24.620.613.

Piet, Jacob y Esben Hougaard (agosto de 2011). «The Effect of Mindfulness-Based Cognitive Therapy for Prevention of Relapse in Recurrent

Major Depressive Disorder: A Systematic Review and Meta-Analysis». *Clinical Psychology Review*, 31 (6), 1032-1040. DOI: 10.1016/j.cpr.2011.05.002.

Rachman, Stanley (1971). *The Effects of Psychotherapy*. Oxford, RU: Pergamon Press.

Redmoon, Ambrose (otoño de 1991). «No Peaceful Warriors». *Gnosis Journal*.

Robustelli, Briana L., Anne C. Trytko, Angela Li y Mark A. Whisman (octubre de 2015). «Marital Discord and Suicidal Outcomes in a National Sample of Married Individuals». *Suicide and Life-Threatening Behavior*, 45 (5), 623-632. DOI: 10.1111/sltb.12157.

Rothbaum, Barbara, Edna B. Foa y Elizabeth Hembree (2007). *Reclaiming Your Life from a Traumatic Experience: A Prolonged Exposure Treatment Program Workbook*. Nueva York, EUA: Oxford University Press.

Schmidt, Norman B. y Kelly Woolaway-Bickel (febrero de 2000). «The Effects of Treatment Compliance on Outcome in Cognitive-Behavioral Therapy for Panic Disorder: Quality Versus Quantity». *Journal of Consulting and Clinical Psychology*, 68 (1), 13-18. DOI: 10.1037/0022-006X.68.1.13.

Sheldon, Kennon M. y Andrew J. Elliot (marzo de 1999). «Goal Striving, Need Satisfaction, and Longitudinal Well-Being: The Self-Concordance Model». *Journal of Personality and Social Psychology*, 76 (3), 482-497. DOI: 10.1037/0022-3514.76.3.482.

Skinner, Burrhus Frederic (2021). *El comportamiento de los organismos: un análisis experimental*. ABA España.

Solomon, Laura J. y Esther D. Rothblum (octubre de 1984). «Academic Procrastination: Frequency and Cognitive-Behavioral Correlates». *Journal of Counseling Psychology*, 31 (4), 503-509. DOI: 10.1037/0022-0167.31.4.503.

Spek, Viola, Pim Cuijpers, Ivan Nyklícek, Heleen Riper, Jules Keyzer y Victor Pop (marzo de 2007). «Internet-Based Cognitive Behaviour Therapy for Symptoms of Depression and Anxiety: A Meta-Analysis». *Psychological Medicine*, 37 (3), 319-328. DOI: 10.1017/S0033291706008944.

Stathopoulou, Georgia, Mark B. Powers, Angela C. Berry, Jasper A. J. Smits y Michael W. Otto (mayo de 2006). «Exercise Interventions for Mental Health: A Quantitative and Qualitative Review». *Clinical Psychology: Science and Practice*, 13 (2), 179-193. DOI: 10.1111/j.1468-2850.2006.00021.x.

Sweeney, Paul D., Karen Anderson y Scott Bailey (mayo de 1986). «Attributional Style in Depression: A Meta-Analytic Review». *Journal of Personality and Social Psychology*, 50 (5), 974-991. DOI: 10.1037/0022-3514.50.5.974.

Teasdale, John D., Zindel Segal y J. Mark G. Williams (enero de 1995). «How Does Cognitive Therapy Prevent Depressive Relapse and Why Should Attentional Control (Mindfulness) Training Help?». *Behaviour Research and Therapy*, 33 (1), 25-39. DOI: 10.1016/0005-7967(94) E0011-7.

Tolin, David F. (agosto de 2010). «Is Cognitive-Behavioral Therapy More Effective Than Other Therapies?: A Meta-Analytic Review». *Clinical Psychology Review*, 30 (6), 710-720. DOI: 10.1016/j.cpr.2010.05.003.

Tuckman, Ari (2007). *Integrative Treatment for Adult ADHD*. Oakland (California), EUA: New Harbinger Publications.

Vittengl, Jeffrey R., Lee Anna Clark, Todd W. Dunn y Robin B. Jarrett (junio de 2007). «Reducing Relapse and Recurrence in Unipolar Depression: A Comparative Meta-Analysis of Cognitive-Behavioral Therapy's Effects». *Journal of Consulting and Clinical Psychology*, 75 (3), 475-488. DOI: 10.1037/0022-006X.75.3.475.

Wegner, Daniel M., David J. Schneider, Samuel R. Carter y Teri L. White (julio de 1987). «Paradoxical Effects of Thought Suppression». *Journal of Personality and Social Psychology*, 53 (1), 5-13. DOI: 10.1037/0022-3514.53.1.5.

Wei, Meifen, Philip A. Shaffer, Shannon K. Young y Robyn A. Zakalik (octubre de 2005). «Adult Attachment, Shame, Depression, and Loneliness: The Mediation Role of Basic Psychological Needs Satisfaction». *Journal of Counseling Psychology*, 52 (4), 591-601. DOI: 10.1037/0022-0167.52.4.591.

Wells, Adrian, David M. Clark, Paul Salkovskis, John Ludgate, Ann Hackmann y Michael Gelder (invierno de 1996). «Social Phobia: The Role of In-Situation Safety Behaviors in Maintaining Anxiety and Negative Beliefs». *Behavior Therapy*, 26 (1), 153-161. DOI: 10.1016/S0005-7894(05)80088-7.

Westra, Henny A., David J. A. Dozois y Madalyn Marcus (junio de 2007). «Expectancy, Homework Compliance, and Initial Change in Cognitive-Behavioral Therapy for Anxiety». *Journal of Consulting and Clinical Psychology*, 75 (3), 363-373. DOI: 10.1037/0022-006X.75.3.363.

Williams, Chris y Rebeca Martinez (noviembre de 2008). «Increasing Access to CBT: Stepped Care and CBT Self-Help Models in Practice». *Behavioural and Cognitive Psychotherapy*, 36 (6), 675-683. DOI: 10.1017/S1352465808004864.

Wolpe, Joseph (octubre de 1968). «Psychotherapy by Reciprocal Inhibition». *Conditional Reflex: A Pavlovian Journal of Research and Therapy*, 3 (4), 234-240. DOI: 10.1007/BF03000093.

World Health Organization. «Media Centre: Depression Fact Sheet». Consultado el 23 de junio de 2016 en http://www.who.int/mediacentre/factsheets/fs369/en/.

Notas

Índice temático

C

Cafeína 179
Clonazepam 34
Competencia 75
Comportamiento 23, 24, 27, 44, 50, 95, 222, 286
Conducta 24, 25, 28, 29, 38, 39, 44, 95, 96, 103, 174, 235
Conductas de seguridad 223, 224, 233, 234, 235, 242
Contacto social 109
Craske, Michelle 51, 222, 277
Creencias 26, 45, 57, 120, 128, 137, 154, 161, 163, 164, 165, 229, 232
Centrales 164, 165
Cualidades 71, 119, 263
Cuestiona tus pensamientos (ejercicio) 152

D

Depresión 5, 11, 12, 13, 16, 17, 26, 28, 34, 36, 37, 43, 56, 57, 58, 59, 60, 61, 62, 63, 65, 66, 69, 72, 73, 74, 75, 76, 77, 83, 84, 90, 94, 95, 96, 103, 109, 123, 126, 134, 135, 138, 149, 159, 160, 173, 174, 175, 203, 206, 253, 262, 263, 269, 270, 271, 273, 276, 301, 302
Angustia con ansiedad 61
Inicio en el periparto 63
Leve/moderada/grave 60
Manifestaciones físicas 62
Patrón estacional 63
Rasgos atípicos 63
Rasgos melancólicos 61
DeRubeis, Rob 193, 281, 299
Desastres 220
Desensibilización sistemática 24
Desesperanza 26, 134
Dirigir la atención hacia fuera 234
Drogas 81
DSM-5 (Manual diagnóstico y estadístico de los trastornos mentales) 48, 49, 52, 58, 59, 61, 63, 203, 275, 279

E

Egan, Gerard 79, 278
Ejercicio 37, 39, 69, 79, 80, 86, 97, 101, 106, 109, 116, 119, 131, 150, 151, 152, 158, 183, 207, 208, 210, 222, 230, 252, 253, 256, 257, 258, 259
Ellis, Albert 25, 28, 38, 148, 272, 279
Emociones 25, 27, 28, 30, 38, 39, 41, 44, 46, 90, 97, 120, 121, 122, 124, 126, 127, 137, 138, 146, 168, 245, 253, 301
Encontrar ayuda 270
Enfoque cognitivo 119
Entretenimiento y relajación 83, 101
Errores de pensamiento 154, 159, 172
Escribir 17, 66, 67, 106, 120, 187, 190, 191, 222
Estado de ánimo 11, 57, 63, 81, 82, 87, 89, 116, 122, 126, 135, 137, 259, 272, 301
Exposiciones 46, 221, 227, 229, 232, 234, 236, 237, 240, 241, 242, 245, 247, 248
Repetidas 221

F

Familia 64, 73, 93, 103, 119, 126, 136, 173, 188, 221, 238, 251, 254, 256, 258
Fe/Sentido/Expansión 77, 100
Fluoxetina 34
Foa, Edna 46, 279, 280, 286, 300
Fobia a los perros de Mel 43
Fobias 37, 47, 49, 50, 66, 226, 227, 237
Formación o profesión 76, 100
Futuro 44, 94, 105, 123, 126, 147, 239, 259, 262

G

Gestión
De las tareas 180, 189
Del tiempo 171, 173, 174, 177, 178, 180, 203, 205, 209, 211, 254
Gestión del tiempo de Walter 173

R

Ralentización 62
Realizar actividades 49, 59, 96
Recaídas 11, 34, 261
Recursos en línea 269
  Ansiedad y depresión 269
  Encontrar ayuda 270
  Grupos de apoyo 271
Redmoon, Ambrose 226, 286
Relaciones 16, 23, 38, 70, 72, 73, 96, 102, 262
Rendir cuentas 110, 195, 202, 203
Responsabilidades domésticas 84, 101
Resultados 24, 36, 223

S

Salud física 79, 80, 101, 103, 104
SCP (Society of Clinical Psychology) 270
Sentirse mejor 70, 256, 258
Sertralina 34
Siestas, evitar las 179
Skinner, B. F. 24, 286
Sueño 6, 52, 55, 62, 63, 82, 109, 153, 178, 179, 262

T

TAG (trastorno de ansiedad generalizada) 52, 130, 131, 236, 237
Tareas 65, 84, 93, 143, 145, 157, 171, 174, 175, 177, 180, 181, 182, 184, 185, 186, 188, 189, 190, 191, 193, 196, 197, 198, 201, 203, 205, 206, 207, 208, 209, 211, 212, 245, 250, 251, 252, 254
TCC 11, 12, 13, 15, 16, 17, 18, 19, 21, 23, 28, 30, 31, 32, 33, 34, 35, 36, 37, 38, 39, 40, 41, 43, 44, 45, 57, 66, 67, 69, 94, 95, 97, 105, 107, 178, 232, 253, 254, 256, 257, 261, 262, 267, 268, 270, 299, 301
  Adquisición de habilidades 35
  Efectos con la práctica 39
  Ejercicios dirigidos 39
  Enfocada en el presente 33
  Estructurada 32
  Límites temporales 31
  Orientada a los objetivos 32
  Pone el acento en la práctica 35
  Sale de círculos viciosos 39
  Se adquieren habilidades 40
  Se basa en la colaboración 32
  Se basa en las evidencias 31
  Tratamiento activo 35
TDAH (trastorno de déficit de atención e hiperactividad) 37, 203
TDPM (trastorno disfórico premenstrual) 59, 60
TEPT (trastorno de estrés postraumático) 33, 269
Terapeuta 15, 16, 17, 25, 27, 29, 31, 32, 33, 35, 45, 46, 70, 227, 263, 268, 270, 299
Terapia
  Cognitiva 25, 26, 27, 148, 149, 159, 299
  Cognitivo-conductual 6, 11, 15, 70, 178, 301
  Conductual 24, 27, 28, 299
  De exposición 213, 226, 227
  «multimodal» 24
Test de la depresión 64
TOC (trastorno obsesivo-compulsivo) 13, 33, 269, 301
Trastorno
  De ansiedad generalizada 47, 48, 52, 66, 237
  De ansiedad social 47, 49, 50, 66, 129, 148, 232, 234
  De déficit de atención e hiperactividad 37
  De estrés postraumático 33, 269
  De pánico 33, 37, 47, 48, 50, 66, 128, 161, 227, 229, 230, 237
  Depresivo persistente 59
  Depresivos 60
  Disfórico premenstrual 59
  Límite de la personalidad 33
  Obsesivo-compulsivo 33, 37, 269
Tratamiento
  De John 251, 252, 253, 254, 255, 256, 257, 258, 259, 260, 262, 273, 276, 280, 281, 282, 284, 287, 288
  De Kat 93, 94, 96, 98, 99, 103, 104, 108

Agradecimientos

Estoy agradecido a las muchas personas que han influido en la redacción de este libro. Mi madre y mi padre me han ofrecido palabras de aliento en momentos cruciales a lo largo de mi vida. Mis cuatro hermanos, Yonder, Malachi, Timothy y Charlie, son una fuente constante de apoyo, en los momentos mejores y los peores.

Dos profesores de la Universidad George Washington tuvieron una gran influencia en mi formación clínica: el doctor Ray Pasi me inspiró como médico y continúa inspirándome con su calidez y su sentido del humor. También recibí una tutoría reflexiva y constante por parte del doctor Chris Erickson, ya fallecido; él me guio hacia la TCC.

Al empezar a estudiar la TCC en la Universidad de Pensilvania, no podría haber tenido unos supervisores clínicos mejores: la doctora Melissa Hunt, mi supervisora de evaluación, me enseñó a confiar en mi instinto. El doctor Alan Goldstein me mostró lo cálidamente humana que puede ser la buena terapia conductual. El doctor Rob DeRubeis, mi supervisor de terapia cognitiva durante tres años, tiene el don de apoyar el estilo único de cada aprendiz de terapeuta de TCC. Tuve la suerte de que la doctora Dianne Chambless, quien encabezó el desarrollo de una lista de tratamientos respaldados por investigaciones, fuera la directora de capacitación clínica en la Universidad de Pensilvania durante el tiempo que estuve ahí. La doctora Martha Farah fue la mejor asesora de doctorado del mundo y apoyó plenamente mis decisiones profesionales, incluso cuando me alejaron del ámbito académico. La doctora Edna Foa, pionera en el tratamiento de la ansiedad, me brindó una capacitación y una colaboración inestimables mientras formé parte del cuerpo docente de la Universidad de Pensilvania a jornada completa. Y la doctora Elyssa Kushner fue una excelente supervisora posdoctoral para mí; me introdujo en la terapia basada en el mindfulness.

Doy las gracias a Janet Singer por una colaboración gratificante que sigue dando sus frutos. Y valoro los consejos sensatos y generosos de Corey Field.

Fue maravilloso trabajar con mi editora, Nana K. Twumasi, cuya participación en la visión general de este proyecto fue esencial.

Durante los últimos quince años he tenido el privilegio de tratar a cientos de pacientes comprometidos con efectuar cambios difíciles. Gracias por la oportunidad de trabajar juntos. He aprendido muchísimo de vosotros.

Finalmente, doy las gracias a mi esposa y amiga Marcia Leithauser: estoy más que agradecido por tu apoyo continuo, por tus perspicaces sugerencias cuando me sentía bloqueado y por recordarme, desde el principio, que escribiese desde el corazón.

Sobre el autor

El psicólogo Seth J. Gillihan es profesor asistente clínico de Psicología en el Departamento de Psiquiatría de la Universidad de Pensilvania. Cursó su doctorado en Psicología en la Universidad de Pensilvania, donde se formó en terapia cognitivo-conductual (TCC) y en neurociencia cognitiva de los estados de ánimo y las emociones. El doctor Gillihan ha escrito e impartido conferencias a escala nacional e internacional sobre la TCC y sobre el papel del cerebro en la regulación del estado de ánimo. Es coautor de *Overcoming OCD: A Journey to Recovery* [Superar el TOC: un viaje hacia la recuperación] con Janet Singer; en este libro explica cómo la TCC ayudó a su hijo a recuperarse de un TOC grave. El doctor Gillihan tiene una consulta privada en Haverford (Pensilvania); su especialidad son las intervenciones de TCC y basadas en el mindfulness para la ansiedad, la depresión y afecciones relacionadas con estas. Vive en Ardmore (Pensilvania) con su esposa y sus tres hijos. Puedes informarte más sobre él y encontrar más recursos en su sitio web, https://sethgillihan.com.

Sobre la autora del prólogo

Lucy F. Faulconbridge es profesora asistente clínica de Psicología en el Centro de Trastornos del Peso y la Alimentación de la Facultad de Medicina Perelman de la Universidad de Pensilvania. Tiene una consulta privada en Wayne (Pensilvania); está especializada en el tratamiento de los trastornos alimentarios, la depresión y la ansiedad. Se licenció en la Universidad de St Andrews (Escocia) en 2000, obtuvo un máster en Psicología en la Universidad de Pensilvania en 2002 y el doctorado en Neurociencia Conductual y Psicología Clínica en la Universidad de Pensilvania en 2007.